MANUAL DE BIBLIOGRAFÍA PEREDIANA

ANTHONY H. CLARKE

MANUAL

DE

BIBLIOGRAFÍA PEREDIANA

INSTITUTO DE LITERATURA
JOSÉ MARÍA DE PEREDA

INSTITUCIÓN CULTURAL DE CANTABRIA

DIPUTACIÓN PROVINCIAL
DE SANTANDER
1974

Depósito Legal: SA. n. 62 - 1974

ISBN - 84 - 00 - 04006 - 6

Tall. Tip. J. Martínez, S. L. - Cisneros, 13

Santander

INTRODUCCIÓN

En los últimos quince años ha crecido notablemente la bibliografía perediana, paralelamente al auge centrado en el centenario del nacimiento del novelista montañés. Desde la publicación, en 1961, del estudio magistral de José F. Montesinos, Pereda, o la novela idilio, hasta hoy, se ha producido lo que podríamos llamar una "nueva generación" de estudiosos peredianos cuya tarea autoimpuesta parece haber sido la de situar al Pereda histórico, de "desmitificar" al novelista consagrado por el tiempo, al culto local y quizás una crítica temprana excesivamente benévola. A la larga, tal desmitificación y semejante afán por conocer al novelista auténtico, en su tiempo, no pueden sino beneficiar al escritor y su imagen crítica. Hoy Pereda vuelve a ser estudiado y vuelve a ser noticia, gracias mayormente al proceso revelador iniciado por Montesinos.

A este auge responde en gran parte el presente Manual de bibliografía perediana, teniendo en cuenta la urgente necesidad de poner al alcance de los investigadores de la novela española decimonónica cuanta materia bibliográfica se ha podido reunir en torno a la obra de Pereda y su crítica. Y no es que no se hayan confeccionado bibliografías peredianas anteriormente —al contrario, las ha habido muy útiles—, sino que todas ellas han terminado por frustrar al estudioso por su criterio de selección extremadamente parcial o por sus descripciones intencionadamente someras.

Por otra parte, la bibliografía ideal está siempre por hacer, y no sale ésta de la imprenta con la ilusión de ser perfecta ni completa. En la lucha sempiterna con los datos bibliográficos y el artículo que acaba de publicarse, siempre sale vencido el bibliógrafo, si bien le puede caber la satisfacción de ahorrarles trabajo a los investigadores del día de mañana. Lo más que se puede esperar es que supla provisionalmente la falta de una bibliografía de las de nunca acabar, que se ven enriquecidas con suplemento cada cinco o diez años.

Mucho menos útil como instrumento de investigación habría sido este Manual de no contar con la presencia de alguna tentativa bibliográfica anterior, y principalmente la colección de recortes periodísticos relativos a Pereda, con su correspondiente catálogo mecanografiado, en la Biblioteca de Menéndez Pelayo, cuya elaboración se debe a los esfuerzos de un investigador francés, Mr. Lebouille, y un Auxiliar de la misma Biblioteca, D. Francisco M. Santiago Gutiérrez. Asimismo debo una deuda de gratitud considerable a las minuciosas descripciones bibliográficas insertadas en los autógrafos peredianos que se conservan en la Biblioteca de Menéndez Pelayo y en su Sección de Fondos Modernos.

Entre otras muchas no puedo dejar de mencionar a las siguientes personas que han puesto sus conocimientos y su tiempo a mi disposición: D.ª María Fernanda de Pereda y Torres Quevedo, D. Gregorio Marañón y Moya, D. Ricardo Gullón, D.ª María Pérez Galdós, Vda. de Verde, Dra. Concepción Fernández-Cordero y Azorín, y, sobre todo, a D. Ignacio Aguilera y Santiago, Director de la Biblioteca de Menéndez Pelayo, a quien nunca sabré agradecer bastante su autorizado consejo.

ANTHONY H. CLARKE,
Birmingham, abril de 1974.

MANEJO DEL MANUAL

Está dividido en dos partes, y subdividido en varios apartados. Las dos partes generales abarcan:

a) *Descripciones bibliográficas de la obra de Pereda en su totalidad: obras publicadas y autógrafos.*

b) *Catálogo de estudios críticos y biográficos, con lista de las reseñas periodísticas publicadas en la sucesiva aparición de las novelas y otros escritos.*

Según sus necesidades, el estudioso podrá elegir entre la consulta del índice general, el índice de títulos y de conceptos y el índice onomástico.

ÍNDICE GENERAL

FUENTES BIBLIOGRÁFICAS GENERALES

SERÍS, Homero.—*Manual de bibliografía de la literatura española*, Centro de Estudios Hispánicos. Syracuse, New York, 1948, 2 tomos, 1086+XIII páginas.

PALAU Y DULCET, Antonio.—*Manual del librero hispanoamericano*, 2.ª ed., corregida y aumentada, 23 vols., 1948-1971, The Dolphin Book Cº. Ltd., Oxford, Antonio Palau Dulcet, Barcelona. Ver vol. XII, 1959, páginas 484-487.

SIMÓN DÍAZ, José.—*Bibliografía de la literatura hispánica*, prólogo de Joaquín de Entrambasaguas, 2.ª ed., corregida y aumentada, Consejo Superior de Investigaciones Científicas, Madrid, 1960-1971 (1.ª ed., de 1950 en adelante), IX vols., y Adiciones. Ver vol. I, 1960, 2.ª ed.

FOULCHÉ-DELBOSC, R. Y BARRAU-DIHIGO, L.—*Manuel de l'hispanisant*, 1948-1954, Hispanic Society of América, Klaus Reprint Corporation, 2 vols., New York, 1959.

FITZMAURICE-KELLY, James.—*Spanish Bibliography*, "Hispanic Notes and Monographys", "Bibliography Series", II, Oxord University Press, 1925, p. 389.

Bibliografía histórica de España e Hispano-América, "Índice Histórico Español", Barcelona, 1953-1964, vols. I-X, 1965-1972, vols. XI-XVIII.

ARNAUD, Émile y TUSON, Vicente.—*Guide de bibliographie hispanique*, Collection Monde Ibérique, Paris-Bruxelles, Didier; Toulouse, Privat, 1967, pág. 354.

British Museum General Catalague of Printed Books. vols. 1-263 y vols. 1-50, 1965-1968, Photolithographic edition, Trustees of the British Museum, London.

Library of Congress Catalogue of Printed Cards, Pageant Books Inc., New Jersey, vols. 1-167, 1942. 1942-1947, First Supplement, vols. 1-42. 1948-1952. vols. 1-23. 1953-1957. vols. 1-26, Rowman & Littlefield, New York. 1958-1962, vols. 1-50, Rowman & Littlefield, New York. 1963-1967, vols. 1-67, Edwards, Michigan.

Nueva Revista de Filología Hispánica, Sección bibliográfica, vols. I-XVII, 1947-1964.

PMLA (Publications of the Modern Language Association of America), Wisconsin, vols. 1-86, 1884-1971, Sección bibliográfica.

Year's Work in Modern Language Studies, Modern Humanities Research Association, vols. 1-30, 1930-1971.

GOLDEN, Herberth H. y SIMCHES, Seymour O.—*Modern Iberian Language and Literature. Bibliography of Homage Studies,* Harvard University Press, Cambridge, Massachusetts, 1958.

Diccionario de términos bibliográficos: *Vocabularium bibliothecarii,* 2.ª ed., UNESCO, 1962.

SACKETT, Theodore A.—*Pérez Galdós. An annotated bibliography,* The University of New Mexico Press, Publication No. 3, 1968, p. 130.

BIBLIOGRAFÍAS INCLUÍDAS EN ESTUDIOS SOBRE PEREDA

CAMP, Jean.—*José María de Pereda. Sa víe, son oeuvre et son temps* (1833-1906), París, Fernand Sorlot, 1937. Bibliografía en orden cronológico, importante por incluir la mayoría de los escritos menores, pp. 401-414.

CLARKE, Anthony H.—*Pereda, paisajista,* Santander, 1969, pp. 235-242.

FERNÁNDEZ-CORDERO Y AZORÍN, Concepción. — *La sociedad española del siglo XIX en la obra literaria de D. José María de Pereda,* Santander, 1970, pp. 307-336.

ENTRAMBASAGUAS, Joaquín de.—*Las mejores novelas contemporáneas,* Editorial Planeta, Barcelona, 1957. 2.ª ed. 1962. Este primer tomo contiene 5 novelas (1895-1899), entre ellas *Peñas arriba,* y nutrida bibliografía, pp. 49-53

APARTADO I

PRIMERAS EDICIONES Y AUTÓGRAFOS

(Novelas y Escenas)

Título abreviado: ESCENAS MONTAÑESAS.

ESCENAS MONTAÑESAS / Colección de / bosquejos de costumbres / tomados del natural / por / D. JOSÉ MARÍA DE PEREDA / con un pró- logo / de / D. ANTONIO TRUEBA. (regla) MADRID, A. DE SAN MAR- TÍN, VICTORIA, 9 / AGUSTÍN JUBERA, BOLA, 11, 1864. XV + 349 págs. 17,5 cms. Dedicatoria en la pág. que sigue la portada: "AL SR. D. JUAN AGAPITO DE PEREDA / dedica estas páginas en testimonio de cariño, / su hermano / José María."

Prólogo de D. Antonio Trueba	Suum Cuique
Santander (Antaño y Hogaño)	El Trovador
El Raquero	La Buena Gloria
La Robla	El Jándalo
A las Indias	Las Visitas
La primera declaración	Los Pastorcillos
La Costurera (Pintada por sí misma)	¡Cómo se miente!
La Noche de Navidad	Arroz y gallo muerto
La Leva.	El espíritu moderno
La Primavera	

Esta primera edición contiene dos escenas que no se incluyeron en la segunda y subsecuentes ediciones: *Las visitas* y *Los pastorcillos*. V. la nota a la 2.ª ed. La pág. que debía ser la 287 es la 237.

Un ejemplar de esta primera edición en la Biblioteca de Menéndez Pe- layo tiene esta dedicatoria autógrafa: "Al azote de la farsa alemanesca. Marcelino Menéndez Pelayo, su apdo. amigo. J. M. de Pereda. Agosto 22/76".

Título abreviado: TIPOS Y PAISAJES.

TIPOS Y PAISAJES / Segunda serie de / Escenas montañesas / por / D. JOSÉ MARÍA DE PEREDA / Madrid / Imprenta de T. Fortanet, calle de la Libertad núm. 29 / 1871. Prólogo de Pereda. XV + 454 págs. 18 cms.

Prólogo
Dos sistemas
Los chicos de la calle
Blasones y talegas
Para ser buen arriero
El buen paño en el arca se vende
La Romería del Carmen

Las brujas
Los baños del Sardinero
Ir por lana...
Al amor de los tizones
Un tipo más
Pasa-calle

Un ejemplar en la Biblioteca de Menéndez Pelayo lleva el siguiente autógrafo: "Como aplauso al precoz talento de Marcelino Menéndez y Pelayo dedica este ejemplar El Autor."

M. S. Formaban parte de la Colección Pedraja los manuscritos de *Blasones y talegas, Dos sistemas, Ir por lana...* y *Al amor de los tizones*. El autógrafo de *Los chicos de la calle* pasó a la familia de Pereda.

Título abreviado: TIPOS TRASHUMANTES.

TIPOS TRASHUMANTES / Croquis a pluma / por DON JOSÉ MARÍA DE PEREDA / Santander / Imprenta y tipografía de J. M. Martínez / San Francisco, 15 / 1877. Prefacio, "Al lector", 222 págs. Índice. 18 cm. (No se emplean los números romanos en las primeras páginas como en las primeras ediciones anteriores.)

Al lector
Las de Cascajares *
Los de Becerril *
El Excelentísimo Señor *
Las interesantísimas Señoras *
Un artista *
Un sabio *
Un aprensivo *
Un despreocupado

Luz radiante
Brumas densas
El Barón de la Rescoldera
El Marqués de la Mansedumbre
Un joven distinguido (visto desde sus pensamientos)
Las del año pasado
El candelero
Al trasluz

Los títulos señalados con asterisco se publicaron por primera vez en *La Tertulia*, 2.ª época, y los demás títulos se agregaron a la primera edición en forma de libro.

Un ejemplar que se conserva en la Biblioteca de Menéndez Pelayo ostenta en el título abreviado: "A Marcelino Menéndez Pelayo, el lector que más le admira y el amigo que más le quiere, J. M. de Pereda."

Tipos trashumantes. Pruebas corregidas por el autor.

Se conservan en la Sección de Fondos Modernos de la Biblioteca de Menéndez Pelayo unas pruebas corregidas de parte de *Tipos trashumantes*. "Al lector", p. 269, 1877. "Las de Cascajares", "El Excelentísimo Señor", "Un artista", pp. 271-317. Correcciones en letra de Pereda, no numerosas pero algunas importantes. Páginas encuadernadas, 18 cm.; hojas de guarda jaspeadas. Ex Libris Federico de Vial. Encuadernación pergamino. En la tapa, "Pereda / Tipos trashumantes".

ESCENAS MONTAÑESAS,

COLECCION DE

BOSQUEJOS DE COSTUMBRES

TOMADOS DEL NATURAL

POR

D. JOSÉ MARÍA DE PEREDA,

CON UN PRÓLOGO

DE

D. ANTONIO TRUEBA.

———

MADRID.

À. DE SAN MARTIN, | AGUSTIN JUBERA,
Victoria, 9.   Bola 11.

1864

DON GONZALO

GONZÁLEZ

DE LA GONZALERA

POR

D. JOSÉ MARÍA DE PEREDA

C. de la Real Academia Española

MADRID
IMPRENTA Y FUNDICION DE M. TELLO
IMPRESOR DE CÁMARA DE S. M.
Isabel la Católica, 23
1879

Título abreviado: BOCETOS AL TEMPLE.

BOCETOS AL TEMPLE / por / DON JOSÉ MARÍA DE PEREDA / individuo correspondiente de la Real Academia Española / (regla) / La mujer del César / Los hombres de pro / Oros son triunfos / (regla) / Madrid: Imprenta de J. M. Pérez, Corredera Baja, 41.1876 — Propiedad. Págs. 452. 18 cm.

Advertencia en la pág. 452: "Por haberse impreso este libro lejos de la residencia del autor y no haber sido posible a éste corregir las pruebas, se han deslizado algunas erratas, en su mayor parte de puntuación y prosodia, que el buen criterio del lector salvará sin duda." (Un caso curioso, pues Pereda no buscó la indulgencia de los lectores al publicar en Madrid las *Escenas* y *Tipos y paisajes*).

En un ejemplar conservado en la Biblioteca de Menéndez Pelayo se lee en la dedicatoria: "A M. Menéndez Pelayo, su más afectuoso amigo y cordial admirador, J. M. de Pereda. Agosto 17/76."

En rigor puede considerarse ésta la 1.ª edición de *Los hombres de pro*, puesto que las ediciones por separado de este título son de 1884 y 1889.

Título abreviado: DON GONZALO GONZÁLEZ DE LA GONZALERA.

DON GONZALO / GONZÁLEZ / DE LA GONZALERA / POR / D. JOSÉ MARÍA DE PEREDA / C. de la Real Academia Española / (regla) / Madrid / Imprenta y fundición de M. Tello / Impresor de la Cámara de S. M. / Isabel la Católica, 23 / 1879, 18 cm. Dedicatoria en las págs. 5 6. "Al señor / D. R. de Mesonero Romanos / de la Real Academia Española". Págs. 474. XXXII cáp. titulados.

En un ejemplar de la Biblioteca de Menéndez Pelayo se lee el autógrafo que sigue: "A Mercelino Menéndez Pelayo, modestísimo tributo de admiración de su mejor amigo, J. M. de Pereda."

De importancia capital en la historia de la bibliografía perediana, esta 1.ª edición de *D. Gonzalo...* inicia la larga asociación entre Pereda y la Casa Editorial de Tello. Además, es el primer título que cuenta con una 2.ª edición (rigurosamente una reimpresión, en vista de las ningunas modificaciones textuales V. Ediciones 2.ª y subsecuentes) en el mismo año de publicarse la 1.ª

Colección de E. de la Pedraja en la Sección de Fondos Modernos de la Biblioteca de Menéndez Pelayo. M. S. / Media encuadernación con punteras de cuero negro, hojitas de guarda jaspeadas 15,5x22 cm. Insertadas, tres copias de una descripción bibliográfica del M. S. Lomo: PEREDA / D. GONZALO GONZÁLEZ / DE LA GONZALERA / SANTANDER / S. F. M. 1878. Portada principal: Don Gonzalo González / de la Gonzalera / por / D. José M.ª de Pereda. (La caligrafía aquí no es de Pereda). Estampado: "Colección de E. de la Pedraja".

En la página que sigue a la portada, dedicatoria autógrafa del M. S.: "Sr. D. Eduardo de la Pedraja / Mi estimado amigo: puesto que V. le desea / allá va el manuscrito de *Don Gonzalo...* Recíbale, no como *autógrafo* digno de figurar entre los que conserva / en su hermosa colección, sino como testimonio de la / cordial amistad que le profesa su conterráneo (espacio), José M. de Pereda."

21

En la pág. siguiente, dedicatoria autógrafa de la novela: "Al señor / D. Ramón de Mesonero Romanos, / de la Real Academia Española." En esta pág. empieza la paginación del M. S. (de mano que no es la del novelista), iniciándose el texto de la novela en la pág. 3, procedimiento que no encaja con el de Pereda, que siempre gustó de numerar las páginas de cada capítulo por separado. Págs. 687. En la pág. final, "Setiembre de 1878."

Título abreviado: EL BUEY SUELTO.

EL BUEY SUELTO... / Cuadros edificantes / de la vida de un solterón / por D. José María de Pereda / C. de la Real Academia Española / (regla) / Madrid / Imprenta y fundición de M. Tello / Impresor de Cámara de S. M. / Isabel la Católica, 23 / 1878. Dedicatoria, "Al Señor / D. M. Menéndez Pelayo, / Doctor en Filosofía y Letras", págs. 5-8. Págs. 409. 18 cm. Fechada en Polanco (Santander), Setiembre de 1877. Jornada primera, IV caps. Jornada segunda, XXV caps. Ultima jornada, X caps.

La copia de esta 1.ª edición conservada en la Biblioteca de Menéndez Pelayo contiene esta dedicatoria autógrafa: "Al Sr. D. Marcelino Menéndez, en prueba de buena amistad, J. M. de Pereda." Esta 1.ª ed. carece de lámina por lo general, pero un ejemplar en la Sección de Fondos Modernos de la misma Biblioteca tiene insertada y cosida entre las páginas 4-5 una lámina con retrato de Pereda, y págs. 412.

M. S. autógrafo de *El buey suelto*..., unas 579 cuartillas numeradas, es de propiedad de la familia de D. Manuel Marañón.

Título abreviado: DE TAL PALO, TAL ASTILLA.

DE TAL PALO / TAL ASTILLA (letras versales rojas[1]) / POR / D. JOSÉ MARÍA DE PEREDA (versalitas rojas) / C. de la Real Academia Española / (regla) / MADRID (versalitas rojas) / Imprenta y fundición de M. Tello / Impresor de Cámara de S. M. / Isabel la Católica, 23 / 1880. 17,5 cms. Págs. 5-7, "Al pío lector" ("Te ofrecí un año ha, en la cubierta de *Don Gonzalo González de la Gonzalera*, ciertos *Esbozos y rasguños* que, a la sazón, preparaba para la imprenta. Pero es el caso que, andando en esos preparativos, asaltome la idea de una obra algo más seria y de mi gusto; y, dejando lo que traía entre manos, púseme a escribir...", 5, y: "En cuanto a los *Esbozos y rasguños* que vuelvo a ofrecerte hoy, cuéntalos entre tus manos a la hora menos pensada...", 6). Págs. 456. "Diciembre de 1879." El índice sigue a la página 456. XXXI caps. titulados.

M. S. 658 cuartillas, propiedad de la familia de D. Manuel Marañón.

Título abreviado: ESBOZOS Y RASGUÑOS.

ESBOZOS / Y / RASGUÑOS / POR D. JOSÉ MARÍA DE PEREDA / C. de la Real Academia Española / (regla) MADRID / Imprenta y fundi-

---

1 A excepción de las 1as. eds. de *Pedro Sánchez* y *Esbozos y rasguños*, todas las primeras ediciones, desde *De tal palo* en adelante emplean versales y versalitas rojas en la portada.

ción de M. Tello / Impresor de Cámara de S. M. / Isabel la Católica, 23/1881, Dedicatoria, pp. 5-8, "Al Sr. D. Manuel Marañón." Págs. 406. Fechada en 1880. 17,5 cm.

Dedicatoria
Las bellas teorías (1863)
Fisiología del baile (1863)
Los buenos muchachos (1867)
El primer sombrero (1868)
La Guantería (1869)
Un marino (1869)
El peor bicho (1870)
La mujer del ciego, ¿para quién se afeita? (1870)

Los bailes campestres (1872)
El tirano de la aldea (1876)
Reminiscencias (1877)
Más reminiscencias (1878)
Las tres infancias (1878)
El fin de una raza (1880)[1]
Manías (1880)
La intolerancia (1880)
El cervantismo (1880)

La mayoría de estos títulos se publicaron por primera vez en *La Tertulia*, 2.ª época. Una nota en la pág. 215 nos participa que *El tirano de la aldea* se publicó primero en "un *Lunes* de *El Imparcial*" (también en *La Ilustración Católica*, 15 abril 1883). *La fisiología del baile* fue reproducido más tarde en la *Revista Ilustrada*, 8 de abril de 1881, y *La Epoca*, 4 de abril de 1881.

M. SS. Lo que se ha podido averiguar en cuanto al paradero de los autógrafos, es que pasaron a las personas siguientes: *Más reminiscencias* —Alberto Gutiérrez Vélez; *Manías* —Federico de Vial; *La intolerancia* —Sinforoso Quintanilla; *Las tres infancias* —Viuda y familia de Pereda; *El primer sombrero* —Eduardo de la Pedraja (y después a la S. de F. M. de la Biblioteca de Menéndez Pelayo); *La mujer del ciego...* —Aurelio de la Revilla.

Un ejemplar de la 1.ª edición de *Esbozos y rasguños* conservado en la Biblioteca de Menéndez Pelayo tiene la siguiente dedicatoria autógrafa: "A la gloria de su patria, Marcelino Menéndez Pelayo, el último de sus conterráneos y el más apdo. de sus admiradores y amigos, J. M. de Pereda."

En el reverso del título abreviado, haciendo frente a la portada, se anuncian otras "Obras del mismo autor": *Escenas montañesas* (2.ª edición, corregida y aumentada). *Tipos y paisajes* (2.ª serie de *Escenas montañesas*). *Bocetos al temple. Tipos trashumantes. El buey suelto...* (Agotada). *Don Gonzalo...* (2.ª edición). *De tal palo, tal astilla.* (regla) "Para los pedidos, dirigirse en Madrid a D. Victoriano Suárez, Jacometrezo, 72, librería; y en Santander a D. Francisco Mazón, o a D. Luciano Gutiérrez, libreros." Se incluye aquí este anuncio porque es el primero que figura en las primeras ediciones y da adecuada idea de los posteriores.

M. S. autógrafo de *Manías* de *Esbozos y rasguños*. Sección de Fondos Modernos de la Biblioteca de Menéndez Pelayo. Encuadernación de lujo, pergamino blanco con estampados dorados. Tapa anterior: ESBOZOS Y RASGUÑOS / J. M. de Pereda. Lomo, pergamino, filetes dorados; título

---

[1] En *El Siglo Futuro*, 12 de febrero de 1881, se publicó parte de *El fin de una raza*, perteneciente a *Esbozos y rasguños*, de próxima aparición. Se incluyó, sin embargo, en el tomo V de las Obras completas, 1885, quedando excluído de *Esbozos y rasguños* al publicarse éstos en las *Obras completas*, tomo VII.

en cuadro de cuero: PEREDA / — / AUTÓGRAFO. Hojitas de guarda jaspeadas, doradas en los cortes. Ex-libris "Biblioteca de F. de Vial".

Páginas en blanco. Primera página escrita, en mano de Pereda: Sr. D. Federico de Vial / Mi querido amigo: si para sus fines [alude P. al deseo de Vial de que se conservase lo más posible de sus MSS y miscelánea] le sir / ve a V. de algo el adjunto autógrafo de uno / de los cuadros de mis *Esbozos y rasguños,* con alma / y vida se le ofrece su amicísimo / J. M. de Pereda / S/c 23 de Oct. / 91. "Paginación desde primera pág. escrita. 32 págs., J. M. de Pereda." 15,5x22 cm. Numerosas correcciones por el autor.

MANÍAS (Artículo de *Esbozos y rasguños,* por D. José María de Pereda).

1 hoja + 32 folios, escritos solamente por la parte recta. 155x230 mm. Caja de la escritura, 125x200 mm., aproximadamente. Original autógrafo, con numerosas correcciones. Encuadernación, pergamino, con estampados dorados. En la cubierta del volumen se dice: *"Esbozos y rasguños* / J. M. de Pereda". "Ex-libris, Biblioteca de Federico de Vial."

(Hoja dedicatoria) Sr. D. Federico de Vial / Mi querido am[ig]o: si para sus fines le sir / ve a V. de algo el adjunto autógrafo de uno de / los cuadros de mis *Esbozos y rasguños*, con alma y vida se le ofrece su amicísimo / J. M. de Pereda (rúbrica) / S. c. 23 de Oct (ubr) e / 91.

(Fol. 1.) E.: Manías / Afirmo que no existe, ni ha existido, un nieto de Adán / sin ellas. Por lo / que a mi toca, desde luego...

(Fol. 32) A.: ...no se atreve / a tirar una chinita a mi pecado. / *J. M. de Pereda* (rúbrica).

M. S. autógrafo de *Más reminiscencias.*

MAS REMINISCENCIAS, por DON JOSÉ MARÍA DE PEREDA.

1 lámina + 1 hoja + 46 folios, escritos solamente por la parte recta (la foliación va del 1 al 44, habiendo folios 11, 11-2.ª y 11-3.ª), 155x218 mm. Caja de la escritura, 130x200 mm., por término medio. Papel. Original, autógrafo. Encuadernación pergamino, con estampados dorados. (Lámina) [Grabado al acero. Retrato de Don José María de Pereda, grabado por B. Maura, en 1884].

(Hoja, V) [Dedicatoria]. Sirva este autógrafo al S[eño]r D[on] Alberto / Dosal, que tiene el mal gusto de desearle, como / prenda cariñosa de su aff[ectísi]mo am[ig]o / *J. M. de Pereda.* / (rúbrica) Nov[iembr]e / 85.

(Fol. 1, r.) E.: *Más reminiscencias.* / Creo que fue Mad[ame] de Sévigné quien dijo qué sucede con los recuerdos...

(Fol. 44, r.) A.: ...de caridad al sacar esa / barbarie al rollo para lección de incautos / y castigo de verdugos. / *J. M. de Pereda* (rúbrica). / Pol[anc]o, Set[iembr]e / 80.

Título abreviado: EL SABOR / DE LA TIERRUCA (versalitas) / (línea).

EL SABOR / DE LA TIERRUCA (versales en negrita) / COPIAS DEL NATURAL / POR / D. JOSÉ MARÍA DE PEREDA (versalitas rojas) / C. de la R. A. E. / (línea) / ILUSTRACIÓN DE APELES MESTRES (minúsculas rojas) / (línea) / GRABADOS DE C. VERDAGUER. / BARCELONA / BIBLIOTECA "ARTE Y LETRAS" / Administración:

EL SABOR

DE LA

TIERRUCA

COPIAS DEL NATURAL

POR

D. JOSÉ MARÍA DE PEREDA

C. de la Real Academia Española.

ILUSTRACIÓN DE

APELES MESTRES.

GRABADOS DE C. VERDAGUER.

BARCELONA.

BIBLIOTECA «ARTE Y LETRAS».

Administración: Ausias March, 95.

1882.

SOTILEZA

POR

D. JOSÉ MARÍA DE PEREDA

C. DE LA REAL ACADZMIA ESPAÑOLA

———❦———

F. de Vial

MADRID
IMPRENTA Y FUNDICIÓN DE M. TELLO
IMPRESOR DE CÁMARA DE S. M.
Isabel la Católica, 23
1885

Ausías March, 95 / 1882. En el reverso de la portada se representa con mucho ornamento una galera, remadores y velas henchidas, rodeado el conjunto de las palabras: "PER / ANGUSTA / AD AUGUSTA" (lema característico de la serie "Arte y Letras"). Págs. 332. 20 cm. Prólogo de B. Pérez Galdós, abril, 1882, pp. I-VIII. El texto de la novela empieza en la pág. 1, quedando fuera de la paginación el título abreviado y la portada. Termina en la pág. 329, Polanco (Santander), Octubre de 1881. Indice de capítulos (XXX) pp. 331-332, sin lista de grabados. En el texto figuran 9 láminas y numerosas ilustraciones. Cubierta original, tela; en la tapa superior figura en primer plano la "cajiga", con letras doradas, "J. M. de Pereda", sobre la raigambre; en segundo, la iglesia de Cumbrales, y entre el follaje el título, dorado, El sabor de la tierruca. En el lomo, decoración dorada de árbol abrazado al título. Pie de lomo, DOMENECH. En la tapa inferior se repite el dibujo del reverso de la portada.

Hay 2.ª edición, Barcelona, 1884, que es rigurosamente una reimpresión. La serie "Arte y Letras", de Daniel Cortezo y Cía., se publicó entre 1881 y 1890, y comprendió 21 volúmenes, siendo El sabor de la tierruca el 3.º

M. S., de 666 páginas, anteriormente de propiedad de D. F. Fernández de Velasco y ahora de su familia.

Se publicó el primer capítulo en La Epoca, 26 de junio de 1882, y el cap. VI en La Ilustración Cantábrica, 18 de julio de 1882.

Título abreviado: PEDRO SÁNCHEZ.

PEDRO / SÁNCHEZ (letras versales rojas) / POR / DON JOSÉ MARÍA DE PEREDA (versalitas rojas) / C. de la Real Academia Española / (nueva línea ornamentada) / MADRID / Imprenta y fundición de M. Tello / Impresor de Cámara de S. M. / Isabel la Católica, 23 / 1883. Págs. 475. 18 cm. Polanco, Octubre 1883. XXXV caps. En el reverso del título abreviado están dados unos detalles sobre "Obras del mismo autor", desde las Escenas montañesas hasta El sabor de la tierruca. "En preparación, Sotileza."

El ejemplar en la Biblioteca de Menéndez Pelayo lleva autógrafo en el título abreviado: "A Marcelino Menéndez Pelayo, su amigo del alma, J. M. de Pereda."

M. S. El autógrafo de Pedro Sánchez, de 716 cuartillas, perteneció primero al cuñado de Pereda, D. Fernando de la Revilla.

Título abreviado: SOTILEZA.

SOTILEZA (Letras versales) / POR / D. JOSÉ MARÍA DE PEREDA (versalitas) / C. de la R. A. E. / (línea decorada) / MADRID / Imprenta y fundición de M. Tello / Impresor de Cámara de S. M. / Isabel la Católica, 23 / 1885. 18 cm. Pág. 5: "A / mis contemporáneos de Santander / que aun vivan" (véase la nota a esta dedicatoria tal como figura ésta en el autógrafo). Pág. 9, Prólogo, Santander, Diciembre, 1884 / J. M. de Pereda. El texto comienza en la pág. 9, iniciándose la paginación en la portada. Termina la novela en la página 492, Santander, Noviembre de 1884, y las págs. siguientes, 493-499, contiene el Glosario: "Significación / de algunas voces técnicas usadas en *Sotileza*, para / inteligencia de los lectores profanos." A la pág. 499 sigue el Índice de capítulos (XXIX titulados).

M. S. Colección Pedraja. Sección de Fondos Modernos de la Biblioteca de Menéndez Pelayo. Media encuadernación con punteras en cuero negro, filetes dorados, guardas jaspeadas.[1] En lomo: PEREDA / AUTÓGRAFO DE SOTILEZA / SANTANDER / 1885.

Páginas en blanco. Carece de portada (a diferencia del autógrafo de *D. Gonzalo...* donde figura una portada escrita en otra mano que la del autor). Primera página escrita: "Al Señor D. Eduardo de la Pedraja ofrece / este autógrafo de *Sotileza*, su amigo affmo. / J. M. de Pereda / Santander, 5 de Marzo / 85. Estampado: "Colección de E. de la Pedraja".

Pág. siguiente (numerada de 1, quizás por el propio Pedraja, pero no por Pereda, cuya actuación de paginador empieza desde el Prólogo): "A mis contemporáneos de Santander / que aún vivan." "Hay media frase borrada, pero se lee con facilidad. En primer lugar escribió P.: "A mis contemporáneos santanderinos vivos, don / de quiera que se hallen.", pero al reflexionar, aparentemente, cómo iban en mengua estos "contemporáneos" y cómo iba desapareciendo el Santander de los tiempos de Sotileza, el "Muelle Anaos" y la "Calle Alta", suprimió P. con una tachadura desde "-inos" hasta "hallen", insertó un "de" delante de "Santander", y añadió "que aún vivan". Una corrección del autor conmovedora como pocas.

Págs. 1-7 (paginación de Pedraja [?] y de Pereda), Prólogo: "Así Dios me salve...", Santander, Dic. 84. Primera pág. de la novela "SOTILEZA / 1 / *Crisálidas*" (pág. 8 según la paginación de Pedraja o su amanuense; pág. 1 nuevamente según la paginación de P. y su costumbre de numerar las páginas de cada capítulo o sección por separado). Termina la novela en la cuartilla 724 (paginación de Pedraja), Santander, Nov. / 84, Sigue el Glosario, págs. 725-735. Cuartillas 16,5x22,5 cm. Está inserta una descripción bibliográfica detallada: 1 hoja + 735 folios [Los folios van numerados en lápiz rojo; originariamente, cada uno de los capítulos de la obra tuvo foliación independiente]. Autógrafo. 165x226 mm. Caja de la escritura, 135x210 mm. Encuadernación en tela, con lomo y puntas de piel. Colección de E. de la Pedraja.

(Hoja 1.ª) Al señor D. Eduardo de la Pedraja ofrece / este autógrafo de *Sotileza*, su amigo affmo. / *J. M de Pereda* / Santander, 5 de Marzo 85.

(Fol. 1) A.: A mis contemporáneos de Santander que aún vivan / Así Dios me salve...

(Fol. 7) A.: ...no es para todos los tarea de hinchar perros de esta casta. / Santander, diciembre 84 / *J. M. de Pereda*.

(Fol. 8) [En el margen superior, derecho, hay una anotación, a lápiz, autógrafo de Pereda, que dice: Junio 18/84] E.: *Sotileza* / I / Crisálidas / El cuarto era angosto, bajo de techo...

(Fol. 724) A.: ...pintoresco mareante santanderino. / *J. M. de Pereda* / Santander, Noviembre 84.

---

[1] Esta encuadernación es la característica de los MSS de la Colección Pedraja. V. también los autógrafos de *D. Gonzalo...* y *Nubes de estío*.

(Fol. 725) E.: Significación de algunas voces técnicas / y locales, usadas en este libro.

(Fol. 735) A.: ...Zoncho, loc. — Carpancho.

(Manuscrito con numerosas correcciones. La primera edición de *Sotileza*, en Madrid, Imp. de Tello, 1885). Termina aquí la descripción.

Título abreviado: LA MONTÁLVEZ.

LA / MONTÁLVEZ (letras versales rojas) / por / D. JOSÉ MARÍA DE PEREDA (versalitas rojas) / C. de la R. A. E. / (línea decorada) / MADRID (versalitas rojas) / Imprenta y fundición de M. Tello / Impresor de Cámara de S. M. / Don Evaristo, 8/1888. Págs. 450. 18 cm. Prólogo del autor, págs. 5-6, "La Montálvez". En el reverso del título abreviado se anuncian detalles de las *Obras completas* ("En preparación — *La puchera*; en publicación — los tomos I-VII y está en prensa el octavo. *Tipos trashumantes*"). Al fin del último capítulo, "Fin de la novela"... Polanco, agostooctubre de 1887. Primera parte, XVII caps. Segunda parte, XVII caps. En el ejemplar que se halla en la Biblioteca de Menéndez Pelayo, se lee la siguiente dedicatoria autógrafa: "A Marcelino Menéndez / Pelayo, su mayor admira / dor y mejor amigo / J. M. de Pereda."

M. S. Pereda regaló el autógrafo de *La Montálvez* a D. Tomás C. de Agüero, pasando éste después al hijo, don Tomás de Agüero y Sánchez de Tagle. (*El Diario Montañés*).

Se conserva en la Sección de Fondos Modernos de la Biblioteca de Menéndez Pelayo un autógrafo de Pereda, borrador de la Dedicatoria de *La Montálvez,* de cuya existencia se infiere que la dedicatoria autógrafa se envió al Sr. de Agüero junta con el manuscrito de la novela: "Sé que no le desagradará poseer el adjunto manu / scrito, autógrafo de "La Montálvez". Se le (Si te) alabo el gusto, / pero yo le tengo regaladís / imo en satisfacérsele, / y mayor le tuviera / si el mérito de ese fruto de / mis holganzas del último / verano fuera origen de la / hospitalidad que le aguarda / y la cordialidad con que / le quiere su amigo del / alma." (sin firma) 27.

Título abreviado: LA PUCHERA.

LA / PUCHERA (letras versales rojas) / por / DON JOSÉ MARÍA DE PEREDA (versalitas rojas) / C. de la R. A. E. (línea decorada) / Madrid (letra roja) / Imprenta y fundición de M. Tello / Impresor de Cámara de S. M. / Don Evaristo, 8. (*La puchera,* por lo tanto, es la primera novela perediana impresa en los nuevos talleres tipográficos de Tello y desde la nueva dirección) / 1889. 18 cm. Págs. 514. Polanco, agosto-octubre 1888. XXXI caps. titulados.

En el reverso del título abreviado se dan detalles de las *Obras completas* de Pereda ("está en prensa el décimo, *El sabor de la tierruca*").

El ejemplar de esta 1.ª ed. conservado en la Biblioteca de Menéndez Pelayo lleva el siguiente autógrafo de Pereda: "A Marcelino Menéndez Pelayo / su mejor amigo y más fervien / te admirador / J. M. de Pereda."

M. S. Según *El Diario Montañés*, el autógrafo de *La puchera* perteneció en primer lugar a D. Manuel Marañón, pero después pasó a propiedad de Pérez Galdós, a instancia del propio Pereda, cediéndosele a D. Manuel el manuscrito de *Marianela*.

Título abreviado: NUBES DE ESTÍO.

NUBES / DE ESTÍO (letras versales rojas) / POR / DON JOSÉ MARÍA DE PEREDA (versalitas rojas) / C. de la R. A. E. (línea decorada) / MADRID / Imprenta y fundición de M. Tello / Impresor de Cámara de S. M. / Don Evaristo, 8 / 1891. Págs. 505. Santander, diciembre de 1890. Índice de XXV capítulos, títulos, pág. sin numerar. En el reverso del título abreviado: "En prensa / *Al primer vuelo* / (con ilustraciones de Apeles Mestres) / En publicación, *Obras completas*, tomos I-XI, y está en prensa el tomo XII, *La Montálvez*".

Hay dedicatoria autógrafa en el ejemplar de esta 1.ª ed. en la Biblioteca de Menéndez Pelayo: "A Marcelino Menéndez, / con la admiración entu / siástica de su mejor / amigo / J. M. de Pereda."

M. S. NUBES DE ESTÍO / — / AUTÓGRAFO DE J. M. DE PEREDA. Se conserva este manuscrito en la Biblioteca de Menéndez Pelayo. Son 726 cuartillas (16,5x22,5 cm.) autógrafas numeradas, precedidas de una cuartilla autógrafa de Pereda sin numerar, dedicatoria de la novela: A José M.ª Quintanilla. "Mi querido Pepe: es posible que en los pecados *virginales* de este libro te alcance a ti, en recta justicia, alguna responsabilidad. Carga, pues, en penitencia, con el fardo entero de sus cuartillas autógrafas; y de este modo, a la vez que tendrá (sic) el castigo que mereces, te servirá la cruz para recuerdo perenne de tu cómplice y siempre buen amigo / , J. M. de Pereda." Santander, Feb.º / 92. Fechado en la última cuartilla autógrafa, Santander, Diciembre de 1890. Los capítulos terminan con plumada irregular. La paginación comienza nuevamente con cada capítulo. Hojitas de guarda jaspeadas. Encuadernación, piel roja. Lomo, filetes dorados. En estuche.
Al cotejar el manuscrito con la 1.ª ed. se patentizan una porción de modificaciones textuales, lo cual parece indicar corrección de pruebas bastante extensa. El propio autógrafo está limpio, sin excesivas tachaduras ni enmiendas.

Título abreviado: AL PRIMER VUELO.

Portada principal: Henrich y C.ª en Comandita — Editores / Sucesores de N. Ramírez y C.ª / (regla) / J. M. DE PEREDA / AL PRIMER VUELO (letras versales) / (Idilio vulgar) / Ilustración de Apeles Mestres / TOMO I / Barcelona, 1891 / Imprenta de Henrich y Cía (sic.) en Comandita / Sucesores de N. Ramírez y Compañía / Pasaje de Escudillers, número 4.

Empieza la paginación desde el título abreviado, y el texto desde la página 5. Sigue el índice de capítulos a la página 303, fin de texto. El tomo I contiene los capítulos I-XII. En el tomo II coinciden el capítulo abrevidao y la portada con el tomo I. Termina la novela en la pá-

HENRICH Y Cª EN COMANDITA — EDITORES

Sucesores de N. Ramírez y Cª

J. M. DE PEREDA

AL PRIMER VUELO

(IDILIO VULGAR)

ILUSTRACIÓN DE APELES MESTRES

Tomo I

BARCELONA — 1891

IMPRENTA DE HENRICH Y Cª EN COMANDITA

SUCESORES DE N. RAMÍREZ Y COMPAÑÍA

Pasaje de Escudillers, número 4

3

PEÑAS

ARRIBA

POR

D. JOSÉ MARÍA DE PEREDA

C. DE LA REAL ACADEMIA ESPAÑOLA

❦

F. de Vial

MADRID

EST. TIP. VIUDA É HIJOS DE M. TELLO

IMPRESOR DE CÁMARA DE S. M.

C. de San Francisco, 4

1895

gina 327, "Polanco, Julio de 1890." Índice de capítulos, I-XIII, en página siguiente, pero la novela no está dividida en dos partes.

Tapas y lomo, tela gris. Decorada la tapa superior en azul, oro y castaño con motivos de la novela: paleta y pinceles de artista, hojas enredadas, el clavel rojo de Nieves, un horizonte marino y el balandro 'Flash'. En el lomo: J. M. Pereda (letras verticales), Al Primer Vuelo (horizontales) / Tomo I (II) (verticales). 22 cm.

En un ejemplar conservado en la Biblioteca de Menéndez Pelayo hay dedicatoria de Pereda, escrita a lápiz: "Mi querida Diodora: recibe este / primer ejemplar que llega / a mis manos, recién salido de / la imprenta, como saludo / de tu amantísimo / Pepe / Madrid, 6 de Mayo / 91."

M. S. *El Diario Montañés* notó en los *Apuntes...*, que el autógrafo de *Al primer vuelo* se destinaba al catalán, José Yxart, pero hasta 1954 lo conservaba la familia del novelista. Se halla ahora en la Biblioteca de Menéndez Pelayo. Es un tomo de unas 503 cuartillas, numeradas por capítulos, fechadas en la última en Polanco, mayo 14 - julio 11/90. Encuadernación, piel bermeja, dorada en los bordes, lomo con nervios, sin título. Delante del propio autógrafo, 4 págs. sin numerar. 1.ª pág. en blanco. 2.ª pág. escrita a máquina: "AL PRIMER VUELO / por / D. José María de Pereda / Barcelona / Imprenta de Henrich y Comp.ª / 1891". 3.ª pág. escrita a máquina: "Nota / Es original autógrafo de la novela de D. José María de Pereda / AL PRIMER VUELO / Fue donado a esta Biblioteca de Menéndez Pelayo por la viuda de / D. Salvador Pereda de la Revilla, Dña. Enriqueta Luque, el 27 de Octubre de 1954. / Faltan los capítulos, I II y III." 4.ª pág. en blanco.

Se desconoce dónde pueden hallarse los tres primeros capítulos, ni cómo pudieron llegar a separarse de los demás, si bien es posible que la necesidad de dejar enterado al artista, Apeles Mestres, de algo del asunto, tuviese que ver en ello.

Las ilustraciones de Apeles Mestres, sin ninguna que sea a toda página, son bosquejos marginales. *Al primer vuelo* fue la primera y única novela de Pereda que se publicó en dos tomos en su primera edición, y la segunda novela que se publicó en primera edición ilustrada, siendo la primera *El sabor de la tierruca*.

Título abreviado: PEÑAS ARRIBA.

PEÑAS / ARRIBA (letra versales rojas) / por / D. José María de Pereda (versalitas rojas) / C. de la R.A.E. / (línea ornada) / Madrid / Est. tip. Viuda[1] e Hijos de M. Tello / Impresor de Cámara de S. M. / C. de San Francisco, 4 / 1895. Págs. 543, Santander, diciembre de 1894. 18 cm. XXXI capítulos sin título. Comienza el texto de la novela en la página 1, a diferencia de las demás novelas, cuya paginación parte del título abreviado. Entre la portada principal y la página 1 figura la dedicatoria: "A la santa memoria / de mi hijo Juan Manuel, — Diciembre de 1894."

---

[1] Nueva dirección del establecimiento Tello, siendo la tercera desde Isabel la Católica, 23, pasando por Don Evaristo S. Miguel, 8. Coincide el cambio de dirección con el nuevo título, "Viuda e hijos de Tello".

PACHÍN GONZÁLEZ

POR

D. J. M. DE PEREDA

C. de la Real Academia Española y de la Sevillana
de Buenas Letras

F. de Vial

MADRID

EST. TIP. VIUDA É HIJOS DE TELLO

Carrera de San Francisco, 4

1896

A mis contemporáneos montañeses que aún viven.

Así dije me salía como se te ponía en otros lectores que vivirán al escribir este libro. Y declaro esto, declarando que...

Dedicatoria del ejemplar autógrafo de **Sotileza**, que se conserva en la Sección de Fondos Modernos de la Biblioteca de Menéndez Pelayo.

En un ejemplar conservado en la Biblioteca de Menéndez Pelayo hay esta dedicatoria autógrafa: "A Marcelino Menéndez y Pelayo, / tributo de admiración y de cariño, de su apdo. / J. M. de Pereda."

M. S. El autógrafo de *Peñas arriba*, nuevamente encuadernado en cuatro tomos (encuadernación lujo, becerro, nervios) se conserva con mucho cuidado en un hueco vidriado, especial para este propósito, en la pared de la sala principal de la casa de la familia de Pereda en Polanco. Cuartillas 16,5x22,5 cm.

Título abreviado: PACHÍN GONZÁLEZ.

PACHÍN GONZÁLEZ (letras versales rojas) / POR / D. J. M. de PEREDA / C. de la R.A.E. y de la Sevillana de Buenas Letras / (regla) / Madrid / Est. Tip. Viuda e hijos de Tello / Carrera de San Francisco, 4, 1896. Paginación desde el título abreviado, empezando el texto en la pág. 5. Págs. 173, "Santander, diciembre, 1895." 18 cm.
Dada la corta extensión de esta novela, aproximadamente la tercera parte de las novelas más largas, eligió el establecimiento Tello para darla más bulto un papel grueso, con márgenes amplios y tipos mayores.

El ejemplar de la Biblioteca de Menéndez Pelayo contiene, esta dedicatoria autógrafa: "A Marcelino Menéndez y / Pelayo, para quien ya no hay / adjetivos laudatorios que no le / *vengan chicos*. / J. M. de Pereda."

M. S. Según el número especial de *El Diario Montañés*, Pereda regaló el manuscrito de *Pachín González* al paisajista valenciano, D. Antonio Gomar, pero se conserva ahora en la Sección de Manuscritos de la Biblioteca Nacional, Madrid, junto con una carta de Pereda al mismo:
J. M. de Pereda / PACHÍN GONZÁLEZ / 1895. Págs. 127. En la última pág. escrita: Santander, Diciembre / 95 — J. M. de Pereda. Encuadernación piel roja, hojitas de guarda jaspeadas, bordes dorados. Cuartillas 16,5x22,5 cm. Hay 5 págs. en blanco al principio y al fin. En la cuartilla que precede al texto, escrita por ambos lados, se lee lo siguiente: "Al maestro Gomar". (El aludido D. Antonio Gomar. Se conserva en la Biblioteca Nacional una carta inédita de Pereda al paisajista valenciano. Autógrafo 177).

"Me consta que se perece V. por los autógrafos. El que va adjunto a estos renglones, es poco y malo, como obra mía; pero, en cambio, por el asunto de que trata, ha de merecerle, seguramente, muy hondo interés, puesto que le cupo a V. la desgracia de ser testigo presencial de aquellos horrores, de negra memoria para nosotros. Por esta sola razón, me atrevo a brindárselo, cumplido, al fin, mi empeño de adivinar su deseo de V. por el gusto de satisfacérsele. —De lo tocante al aderezo que lleva manjar tan desabrido de por sí, no murmure en bien ni en mal, pues no me alcanza culpa en ello. Manos anduvieron en el *guisado*, que / lo tienen por oficio, y habrá sabido muy bien lo que se han hecho, después de advertido por mí a qué casta de paladar se destinaba el modesto agasajo. Recíbale, pues, a ciegas, y con la buena voluntad con que yo se lo mando a V., y consérvele como testimonio siquiera, de cordialísimo afecto al amigo y de fervorosa admiración al artista / Santander, 2 de Febr. de 1900 / J. M. de Pereda." V. también *Cartas*.

APARTADO II

SEGUNDAS EDICIONES

Título abreviado: ESCENAS MONTAÑESAS.

ESCENAS MONTAÑESAS / Colección / de / Bosquejos de Costumbres / Por / D. JOSÉ MARÍA DE PEREDA / Correspondiente de la Real Academia Española / (regla) / Segunda edición, corregida y aumentada / Santander / Imprenta y lit. de J. M. Martínez / San Francisco, 15 / 1877. Prólogo de A. DE TRUEBA y Prefacio de J. M. DE PEREDA. XXIV+512 págs. 18 cm.

Se reimprime aquí el desafortunado prólogo de Trueba, pero esta vez con prefacio de Pereda en el que cita el artículo de M. Menéndez Pelayo sobre los *Bocetos al temple* (*La Tertulia*, 2.ª época, Sección bibliográfica, pp. 122-128). Están suprimidos *Las visitas* y *Los pastorcillos* e incluído ahora *el día 4 de octubre* (1868). Hay varias notas del autor, de 1876, que no figuran en la 1.ª edición, por ejemplo, en *La Robla,* dos notas sobre *robla* o *robra.* Los cambios verificados en el contenido de las diferentes ediciones de las *Escenas montañesas* (1.ª, 2.ª y la edición del tomo V de las *Obras completas*) son los más complicados habidos en la bibliografía perediana; nos ocuparemos de ellos al tratar las *Obras completas.*

M. S. El autógrafo de *El día 4 de octubre* pasó a la familia del novelista.

Título abreviado: DON GONZALO / GONZÁLEZ DE LA GONZALERA.

DON GONZALO / GONZÁLEZ DE LA GONZALERA / por / D. JOSÉ MARÍA DE PEREDA / C. de la Real Academia Española / — SEGUNDA EDICION — / Madrid / Imprenta y fundición de M. Tello / Impresor de Cámara de S. M. / Isabel la Católica, 23 / 1879. 474 págs. + 1 hoj. Pp. 5-6, "Al Señor D. R. de Mesonero Romanos de la Real Academia Española". En la pág. 474, "septiembre de 1878". XXXII caps. titulados. 18 cm.

Esta 2.ª edición de *Don Gonzalo*... se diferencia de la 1.ª únicamente en la rúbrica de la portada principal y en el papel, siendo más grueso el de la 1.ª

Título abreviado: EL SABOR DE LA TIERRUCA.

EL SABOR / DE LA TIERRUCA / COPIAS DEL NAUTURAL / POR / D. JOSÉ MARÍA DE PEREDA / C. de la R. A. E. / ILUSTRACIÓN DE / APELES MESTRES / GRABADOS DE C. VERDAGUER. / BARCELONA / BIBLIOTECA "ARTE Y LETRAS" / Administración: Ausías March, 95 / 1884. Segunda edición. Págs. VIII + 332. 20 cm. (Para más detalles véase la entrada correspondiente a la 1.ª edición.)

APARTADO III

OBRAS COMPLETAS

Título abreviado: OBRAS COMPLETAS / de / D. JOSÉ MARÍA DE PEREDA.

I. LOS HOMBRES DE PRO (publicado primero como parte de los *Bocetos al temple*). OBRAS COMPLETAS / DE / D. JOSÉ MARÍA DE PEREDA (versales rojas) / C. de la Real Academia Española / Con un prólogo / por / D. Marcelino Menéndez Pelayo (versalitas rojas) — TOMO I / LOS HOMBRES DE PRO (versales rojas) / — Madrid / Imprenta y Fundición de Tello / 1884, 17,5 cm. Retrato del autor, firmado por B. Maura. Agosto, 1884. 247 págs., la última sin numerar y fechada 1872. Prólogo de Menéndez Pelayo, LXXXII págs. Advertencia (págs. 1-2) fechada en febrero de 1884. En la tapa inferior se lee: "Este tomo, que es el primero de la colección, se halla de venta en las principales librerías al precio de 4 pesetas en Madrid y Santander, y 4,50 en las demás provincias. Para los pedidos, dirigirse: en Madrid, a don Victoriano Suárez, Jacometrezo, 72; y en Santander, a D. Luciano Gutiérrez, libreros. / En prensa / Tomo II / *El buey suelto...*"

En un ejemplar conservado en la Biblioteca de Menéndez Pelayo se lee la siguiente dedicatoria autógrafa: "A Marcelino Menéndez Pelayo, en muestra de admiración y de fraternal cariño, J. M. de Pereda." Y en el mismo ejemplar, pág. LXIV, la palabra *cristiano*, evidentemente errónea, ha sido corregida, sustituyéndola en el margen, de mano que parece ser la de Pereda, *cristianismo*.

Título abreviado: OBRAS COMPLETAS / de / D. JOSÉ MARÍA DE PEREDA (versales rojas) / C. de la Real Academia Española / con un prólogo / por / D. Marcelino Menéndez Pelayo (versalitas negras, pero rojas en la edición de 1884) / —TOMO I / Los Hombres de Pro (versalitas rojas, pero versales en la edición de 1884) / SEGUNDA EDICION[1] / Ma-

---

[1] En rigor es la 3.ª puesto que *Los hombres de pro* fue publicado primero entre los *Bocetos al temple* en 1876 y después en las *Obras completas*, tomo I, en 1884. Se trata, evidentemente, de nuevas ediciones y no de reimpresiones.

drid / Imprenta y fundición de Tello / 1889 / retrato del autor firmado por B. Maura, Agosto 1884. Págs. CVII (están incluídos en la paginación romana el prólogo de Menéndez Pelayo, V-CIII, que contiene en esta edición una posdata con artículos sobre *Sotileza,* de *La Época,* 27 marzo de 1885, y *La Puchera,* de *El Correo,* 10 de febrero de 1889, que no figuran en la edición de 1884, con la misma advertencia de Pereda, febrero de 1884, págs. CV-CVII. Texto, págs. 245. 17,5 cm.

Ediciones de 1884 y 1889.

Al llamar "Segunda edición" la edición de 1889 de *Los hombres de pro* se trataba, según parece, de una nueva edición en las *Obras completas,* sin tener en cuenta la edición, rigurosamente la 1.ª, de 1876, cuando se publicó *Los hombres de pro* con los *Bocetos al temple.* Las diferencias entre las ediciones de 1884 y 1889 son leves, de tipografía más bien que de texto. En la pág. LXXXII de la edición de 1889 figuran las últimas líneas del prólogo con tipografía idéntica a la de la edición de 1884, con las diferencias del (I) después de *Juan García* (versales en la edición de 1884, versalitas en la de 1889); de fecha en la edición de 1889, dada como 1884, seguida por la posdata y la nota sobre Escalante a pie de página, quedando excluída la línea decorativa de la edición de 1884. En ésta termina el prólogo en la pág. LXXXII, pero en aquélla, añadidos los artículos sobre *Sotileza* y *La Puchera,* termina en la pág. CIII. Nueva tipografía en la Advertencia (págs. LXXXIII-IV, ed. de 1884; págs. CV-CVII, ed. de 1889) aunque el texto principal denota sólo ligeras modificaciones tipográficas: las líneas entre el número de capítulos y el comienzo del texto en la ed. de 1884 están excluídas en la de 1889 y el espacio correspondiente ha sido eliminado, resultando en leves diferencias de margen a pie de página (3 cm. y 3,5 cm.). Los números de capítulo ligeramente aumentados en la ed. de 1889 y las decoraciones más negras en la de 1884.

El texto de la ed. de 1889 termina en la pág. 245, seguido por fecha, 1872, y línea decorativa, con las palabras *"caldistas* como yo", fin del capítulo XXIV. El texto de la ed. de 1884 tiene la pág. 245 idéntica a la de 1889, salvo en la falta de fecha en aquélla. Pero continúa el texto en la pág. siguiente (sin numerar, que sería la pág. 247) con el cap. XXV, de 11 líneas seguidas por la fecha, 1872. Se desprende de estos datos que Pereda debió optar por excluir este capítulo final, XXV, de la edición de 1889, aunque se desconocen las razones que pudiesen motivar tal decisión.

Ediciones subsecuentes.

Varias ediciones en las *Obras completas,* pasando por la 3.ª, Tello, 1899, hasta la 7.ª, Victoriano Suárez, 1933.

II. EL BUEY SUELTO.

Título abreviado: OBRAS COMPLETAS / DE / D. JOSÉ MARÍA DE PEREDA.

OBRAS COMPLETAS / DE / D. JOSÉ MARÍA DE PEREDA (versales rojas) / C. de la Real Academia Española / — / TOMO II / El buey suelto (versalitas rojas) / Cuadros edificantes de la vida de un solterón / — / Madrid / Imprenta y fundición de Tello / 1884, 406 págs. 17,5 cm. Títulos

OBRAS COMPLETAS

DE

D. JOSÉ M. DE PEREDA

C. DE LA REAL ACADEMIA ESPAÑOLA

CON UN PRÓLOGO

POR

D. MARCELINO MENÉNDEZ PELAYO

TOMO I

LOS HOMBRES DE PRÓ

MADRID

IMPRENTA Y FUNDICIÓN DE TELLO

1884

de capítulo págs. 405-406. Dedicatoria del autor págs. 5-8, "Al señor / D. M. M. P.". Como en la 1.ª ed., de 1878, empieza el texto en la pág. 11 terminando en la 403, Polanco (Santander), Septiembre de 1877.

Ediciones subsecuentes.

3.ª ed., Viuda e hijos de Tello, Madrid, 1899.
6.ª ed., Victoriano Suárez, Madrid, 1921.
7.ª ed., Victoriano Suárez, Madrid, 1933.

III. DON GONZALO...

Título abreviado: OBRAS COMPLETAS / DE / D. JOSÉ MARÍA de PEREDA.

OBRAS COMPLETAS / DE / D. JOSÉ M. DE PEREDA (versales rojas) / C. de la Real Academia Española / — / TOMO III / DON GONZALO GONZÁLEZ (versalitas rojas) DE LA GONZALERA (negras) / Madrid / Imprenta y fundición de Tello / 1884. Págs. 464. 17,5 cm. "Al señor / D. R. de Mesonero Romanos...", págs. 5-6. Fin de texto, pág. 462, Septiembre de 1878. Índice, págs. 463-464.

Ediciones subsecuentes.

Varias ediciones de Tello y Suárez, hasta la 7.ª, Victoriano Suárez, Madrid, 1926.

IV. DE TAL PALO, TAL ASTILLA.

Título abreviado: OBRAS COMPLETAS / DE / D. JOSÉ MARÍA DE PEREDA.

OBRAS COMPLETAS / DE / D. JOSÉ M. DE PEREDA (versales rojas) / C. de la Real Academia Española / — / TOMO IV / DE TAL PALO, TAL ASTILLA (versalitas rojas) / — / Madrid / Imprenta y fundición de Tello / 1885. Págs. 456. 18 cm. Termina el texto en la pág. 454, Diciembre de 1879. Índice, págs. 455-456. Al Pío Lector, págs. 5-7.

Ediciones subsecuentes.

3.ª ed., Madrid, Viuda e hijos de Tello, 1901.
4.ª ed., Madrid, Viuda e hijos de Tello, 1910.
Hasta la 7.ª ed., Madrid, Victoriano Suárez, 1931.

V. ESCENAS MONTAÑESAS.

Título abreviado: OBRAS COMPLETAS / DE / D. JOSÉ MARÍA DE PEREDA.

OBRAS COMPLETAS / DE / D. JOSÉ M. DE PEREDA (versales rojas) / C. de la Real Academia Española / — / TOMO V / ESCENAS MONTA-ÑESAS (versalitas rojas) / — / Imprenta y fundición de Tello / 1885. Págs. 462. 17,5 cm. Índice en la pág. siguiente, sin numerar. Advertencia, págs. 5-6.

Esta Advertencia de la 1.ª edición de las *Escenas montañesas* en las *Obras completas* (3.ª edición si tenemos en cuenta las dos ediciones separadas de 1864 y 1877) es sumamente importante en la historia bibliográ-

39

4

fica de las *Escenas*. Hace constar Pereda que, de acuerdo con las intenciones anunciadas en la Advertencia del tomo I de las *Obras completas*, este tomo V de las *Obras completas* incluirá *Un marino, Los bailes campestres* y *El fin de una raza*, publicados previamente en *Esbozos y rasguños* (1881), y que *Las visitas* y ¡*Cómo se miente*!, anteriormente parte de las *Escenas*, se reimprimirían en *Esbozos y rasguños* (*Obras completas*, tomo VII, 1887).[1] Esta nueva combinación se debe en parte al deseo de Tello de que todos los tomos de las *Obras completas* tuviesen más o menos el mismo tamaño, pero resulta en que el prólogo de Trueba, antepuesto a las ediciones de las *Escenas* de 1864 y 1877, no cuadra ahora. Al suprimir el prólogo de Trueba suprime Pereda también el prefacio que había escrito para la 2.ª ed. de 1877. En su advertencia también nos hace saber Pereda que todas las escenas y artículos que se apuntan a continuación figuraron en la 1.ª ed. de las *Escenas montañesas* de no indicar lo contrario las notas incorporadas al texto:

Advertencia	El trovador
Santander (Antaño y hogaño)	La buena gloria
El raquero	El jándalo
La robla	Arroz y gallo muerto
A las Indias	El día 4 de Octubre
La costurera (pintada por sí misma)	"Un marino" (1869)
La noche de Navidad	Los bailes campestres (1872)
La leva	El fin de una raza (1880)[2]
La primavera	El espíritu moderno
Suum Cuique	

(Hay notas del autor en *La robla, El día 4 de Octubre, Los bailes campestres,* y *El espíritu moderno*)

Ediciones subsecuentes.

4.ª ed., Madrid, Vda. e hijos de Tello, 1910.
6.ª ed.. Madrid, Victoriano Suárez, 1924.

VI. TIPOS Y PAISAJES.

Título abreviado: OBRAS COMPLETAS / DE / D. JOSÉ MARÍA DE PEREDA.

OBRAS COMPLETAS / DE / D. JOSÉ M. DE PEREDA (versales rojas) / C. de la Real Academia Española / — / TOMO VI / TIPOS Y PAISAJES (versalitas rojas) / — / Madrid / Imprenta y fundición de Tello / 1887. 499 págs. 17,5 cm. Prólogo de Pereda, págs. 5-15, Enero de 1871. Sigue a la pág. 499 el índice, sin numerar.

Ediciones subsecuentes.
4.ª ed., Madrid, Imp. y Enc. de Jaime Rates Martín, 1920 (la 4.ª ed. de *Tipos y paisajes* es la única edición perediana salida de esta imprenta).

---

[1] *Las visitas* y *Los pastorcillos*, presentes las dos en la 1.ª ed. de las *Escenas*, quedaron excluídas de la 2.ª ed. de 1877.
[2] Se publicó en *El Siglo Futuro*, 12 de febrero de 1881.

VII. ESBOZOS Y RASGUÑOS.

Título abreviado: OBRAS COMPLETAS / DE / D. JOSÉ MARÍA DE PEREDA.

OBRAS COMPLETAS / DE / D. JOSÉ M. DE PEREDA (versales rojas) / C. de la Real Academia Española / — / TOMO VII / ESBOZOS Y RASGUÑOS (versalitas rojas) / — / Madrid / Imprenta y fundición de Tello / 1887. Págs. 381. 17,5 cm. Pág. 381 seguida por Índice, sin numerar. Págs. 5-8, "Al Sr. D. Manuel Marañón".

Una nota a pie de página (págs. 9-10 en *Las visitas*) añade algo a lo anunciado en la Advertencia del tomo V de las *Obras completas*. Primero cita Pereda de la Advertencia el trozo "Ha llegado el momento..." hasta "...anteriores ediciones de las *Escenas*", y agrega:

"Réstame añadir ahora que si *Las visitas* y *¡Cómo se miente!* no corrieron en aquel arreglo la suerte de *La primera declaración* y *Los pastorcillos*, débese únicamente a que son casi los primeros frutos literarios de mi pluma, y los primeros, sin casi, de mi pobre paleta de pintor de costumbres, allá por los años de 1859-60.

Válgales esta razón por excusa de sus muchos defectos, y discúlpeme a mí la debilidad de considerarlos, con su fealdad y todo, como lo más digno de amor de padre, entre la ya larga prole de mi infeliz ingenio." (Nota del autor en 1887.)

Dedicatoria
Las visitas
¡Cómo se miente!
Las bellas teorías (1863)
Fisiología del baile (1863)
Los buenos muchachos (1867)
El primer sombrero (1868)
La Guantería (1869)
El peor bicho (1870)

La mujer del ciego, ¿para quién se afeita? (1870)
El tirano de la aldea (1876)
Reminiscencias (1877)
Más reminiscencias (1878)
Las tres infancias (1878)
Manías (1880)
La intolerancia (1880)
El cervantismo (1880)

Ediciones subsecuentes.

4.ª ed., Madrid, Librería General de Victoriano Suárez, 1922.

VIII. BOCETOS AL TEMPLE.

Título abreviado: OBRAS COMPLETAS / DE / D. JOSÉ MARÍA DE PEREDA.

OBRAS COMPLETAS / DE / D. JOSÉ M. DE PEREDA (versales rojas) / C. de la Real Academia Española / — / TOMO VIII / BOCETOS AL TEMPLE / TIPOS TRASHUMANTES (versalitas rojas) / Madrid / Imprenta y fundición de Tello / 1888. 17,5 cm. Págs. 430, fechada la última 1877. Índice, sin numerar.

Advertencia, pág. 5: "En la que precede al tomo I de esta colección hallará el lector curioso las razones que el autor ha tenido para desglosar de la primera edición de los *Bocetos*, y publicarle en volumen aparte, el titulado *Los hombres de pro*.

El motivo por el cual se publican hoy reunidas aquí, *contra lo anunciado en la cubierta del tomo anterior*, dos obras que siempre han estado separadas. es el deseo de que haya la posible igualdad de tamaños en todos los volúmenes de la colección" (sin fecha).

Índice. BOCETOS AL TEMPLE. (*La mujer del César, Oros son triunfos*).

TIPOS TRASHUMANTES. (Está omitido el subtítulo, utilizado en la 1.ª ed., de 1877, *Croquis a Pluma*. El contenido y los títulos de *Tipos trashumantes* en este tomo VIII de las *Obras completas* no se diferencian de los de la 1.ª ed.)

Ediciones Subsecuentes.

4.ª ed., Madrid, Librería General de Victoriano Suárez, 1922.

IX. SOTILEZA.

Título abreviado: OBRAS COMPLETAS / DE / D. JOSÉ MARÍA DE PEREDA.

OBRAS COMPLETAS / DE / D. JOSÉ M. DE PEREDA (versales rojas) / C. de la Real Academia Española / — / TOMO IX / SOTILEZA (versalitas rojas) / Madrid / Imprenta y fundición de Tello / 1888. 17,5 cm. Págs. 568, con Glosario e Índice. Pág. 5, "A / mis contemporáneos de Santander / que aún vivan" (Dedicatoria), fechada Santander, Diciembre 1884, y seguida por la Posdata: "Al reimprimir esta novela, año y medio después de agotada la copiosa edición primera (marzo de 1885), lugar era éste bien a propósito...", fechada en junio de 1888. Glosario e Índice, págs. 560-568.

Ediciones subsecuentes.

Sotileza, junto con *Peñas Arriba*, se reimprimió en la serie de *Obras completas* varias veces, sin llegar a la distinguida situación de ésta en los datos de su publicación (1.ª edición, 1895, y aparición en *Obras completas*, 1895)[1].

2.ª ed. (es decir, 2.ª ed. en las *Obras completas*, y 3.ª en total), Madrid, Viuda e hijos de Manuel Tello, 1894.

4.ª ed., Madrid, Viuda e hijos de M. Tello, 1906.

6.ª ed., Madrid, Tip. Hijos de Tello, 1916.

8.ª ed., Madrid, Victoriano Suárez, 1923.

X. EL SABOR DE LA TIERRUCA.

Título abreviado: OBRAS COMPLETAS / DE / D. JOSÉ MARÍA DE PEREDA.

OBRAS COMPLETAS / DE / D. JOSÉ M. DE PEREDA (versales rojas) / C. de la Real Academia Española / — / TOMO X / EL SABOR DE LA TIERRUCA (versalitas rojas) / Madrid / Imprenta y fundición de Tello / 1889. Págs. 436. 17,5 cm. Índice, págs. 435-436.

(Ocurre frecuentemente en la historia de la bibliografía perediana que la 2.ª ed. de una obra es la publicada en las *Obras completas*. Algunas

---

[1] *La puchera* es un caso análogo, con 1.ª ed. de 1889 y edición en *Obras completas* en el mismo año.

novelas, sin embargo, alcanzaron una 2.ª ed. o reimpresión antes de ser publicadas en las *Obras completas*. Tal ocurre con las *Escenas montañesas*, con *Don Gonzalo...*, y también ocurre con *El sabor de la tierruca*, ya que la edición de lujo de *El sabor...*, con ilustraciones de Apeles Mestres, Barcelona, 1882, alcanzó una reimpresión, Barcelona, 1884, antes de publicarse la novela en las *Obras completas*.)

Ediciones subsecuentes.

6.ª ed.. Madrid, Victoriano Suárez, 1922.
7.ª ed., Madrid, Victoriano Suárez, 1929.

XI. LA PUCHERA.

Título abreviado: OBRAS COMPLETAS / DE / D. JOSÉ MARÍA DE PEREDA.

OBRAS COMPLETAS / DE / D. JOSÉ M. DE PEREDA (versales rojas) / C. de la Real Academia Española / — / TOMO XI / LA PUCHERA (versalitas rojas) / Madrid / Imprenta y fundición de Tello / 1889. Págs. 600. 17,5 cm. Índice, págs. 599-600. Termina el texto de la novela en la pág. 598, Polanco, agosto-octubre 1888.

Ediciones subsecuentes.

4.ª ed., Madrid, Tip. hijos de Tello, 1918.
5.ª ed., Madrid, Victoriano Suárez, 1930.
   (Igual que *Peñas arriba*, se publicó *La puchera* en las *Obras completas* en el mismo año en que apareció la 1.ª edición, caso sorprendente por el abultado volumen de las dos novelas. Lo normal es un intervalo de varios años entre la 1.ª ed. y la de las *Obras completas*. Agotadas las primeras eds. casi, la casa Tello pudo incorporar estas dos novelas a las *Obras completas* sin riesgo.)

XII. LA MONTÁLVEZ.

Título abreviado: OBRAS COMPLETAS / DE / D. JOSÉ MARÍA DE PEREDA.

OBRAS COMPLETAS / DE / D. JOSÉ M. DE PEREDA (versales rojas) / C. de la Real Academia Española / — Madrid / Imprenta y fundición de Tello / 1891. Págs. 531. 17,5 cm. Págs. 516, prefacio del autor, "La Montálvez". Sin Índice, fechado, Polanco, agosto-octubre de 1887. Dividido en dos partes, cada una de XVII caps.

Ediciones subsecuentes.

5.ª ed., Madrid, Victoriano Suárez, 1926.

XIII. PEDRO SÁNCHEZ.

Título abreviado: OBRAS COMPLETAS / DE / D. JOSÉ MARÍA DE PEREDA.

OBRAS COMPLETAS / DE / D. JOSÉ MARIA DE PEREDA (versasales rojas) / C. de la Real Academia Española / — / TOMO XIII / PEDRO SÁNCHEZ (versalitas rojas) / Madrid / Imprenta y fundición de Tello / 1891. 17,5 cm. Págs. 545, Polanco, octubre 1883, Sin Índice. En la pág. que sigue a la 545:

"Obras completas de D. José M. de Pereda. Tomos publicados I-XIII (los tomos I-V, de *Los hombres de pro* a *Escenas montañesas,* están indicados como segundas ediciones, refiriéndose solamente a las *Obras completas).* Novelas del mismo autor, publicadas recientemente fuera de la colección: / NUBES DE ESTÍO, 4,50 pesetas en Madrid, 5 en / provincias. / AL PRIMER VUELO (dos tomos con ilustraciones de / Apeles Mestres), 8 pesetas en rústica, 10 / encuadernados en tela; en provincias, una / peseta más por certificado. / Para los pedidos, dirigirse: en Madrid, a don Victoriano Suárez, Preciados, 48; y en Santander, a D. Luciano Gutiérrez, libreros."

Ediciones subsecuentes.

4.ª ed., Madrid, Victoriano Suárez, 1923.

XIV. NUBES DE ESTÍO.

Título abreviado: OBRAS COMPLETAS / DE / D. JOSÉ MARÍA DE PEREDA.

OBRAS COMPLETAS / DE / D. JOSÉ M. DE PEREDA (versales rojas) / C. de la Real Academia Española / — / TOMO XIV / NUBES DE ESTÍO (versalitas rojas) / Madrid / Viuda e hijos de Manuel Tello / 1894. 17,5 cm. Págs. 586, Santander, diciembre de 1890. Pág. que sigue a la 586, sin numerar. Índice de caps.

Ediciones subsecuentes.

4.ª ed., Madrid, Victoriano Suárez, 1921.

XV. PEÑAS ARRIBA.

Título abreviado: OBRAS COMPLETAS / DE / D. JOSÉ MARÍA DE PEREDA.

OBRAS COMPLETAS / DE / D. JOSÉ M. DE PEREDA (versales rojas) / C. de la Real Academia Española / — / TOMO XV / PEÑAS ARRIBA (versalitas rojas) / Madrid / Est. Tip. Viuda e hijos de M. Tello[1] / 1895. Págs. 639. 17,5 cm. Dedicatoria, págs. 5-6. Santander, diciembre de 1894.

Ediciones subsecuentes.

4.ª ed., Madrid, Viuda e hijos de M. Tello, 1907.
9.ª ed., Madrid, Victoriano Suárez, 1933.

XVI. AL PRIMER VUELO.

Título abreviado: OBRAS COMPLETAS / DE / D. JOSÉ MARÍA DE PEREDA.

OBRAS COMPLETAS / DE / D. JOSÉ M. DE PEREDA (versales rojas) / C. de la Real Academia Española / — / TOMO XVI / AL PRIMER

---

[1] Desde la 1.ª ed. del tomo XIV de las *Obras completas* rige este cambio.

VUELO[1] (versalitas rojas) / Madrid / Viuda e Hijos de Manuel Tello / 1896. 17,5 cm. Págs. 488, Polanco, julio de 1890. Índice en pág. sin numerar. Caps. I-XXV (en la 1.ª ed., en 2 tomos, Henrich y Cía., Barcelona, 1891, los capítulos aparecieron como I-XII y I-XIII).

Ediciones subsecuentes.

4.ª ed., Madrid, Victoriano Suárez, 1921.

XVII. PACHÍN GONZÁLEZ, etc.

Título abreviado: OBRAS COMPLETAS / DE / D. JOSÉ MARÍA DE PEREDA.

OBRAS COMPLETAS / DE / D. JOSÉ M. DE PEREDA (versales rojas) / De la R. A. E.[2] / — / TOMO XVII / PACHÍN GONZÁLEZ (versalitas rojas) / De Patricio Riguelta - Agosto / El Óbolo de un pobre - Cutres - Por lo que / valga - El Reo de P... - La Lima de los deseos / Va de cuento - Esbozo - De mis Recuerdos / Homenaje a Menéndez Pelayo / — / Madrid / Est. Tip. de la Viuda e hijos de Tello / 1906. 17,5 cms. Págs. 333, con Índice. Carta-prólogo - Sr. D. Victoriano Suárez, págs. 5-9, fechado Santander, 15 de Noviembre de 1905. De los cuentos, esbozos y escenas incluídos en este volumen están fechados los siguientes: *Pachín González*, Santander, diciembre 1895. De *Patricio Rigüelta...*, sin fecha de composición, pero fechada la carta ficticiamente en Santander, a 28 de febrero de 1882. *Agosto: Bucólica montañesa* fue publicado anteriormente en *Los meses*, Henrich y Cía., Barcelona, 1889, pero no tiene fecha aquí. *El óbolo de un pobre* tiene una nota (pág. 175):

"Estas cuartillas estaban destinadas a un periódico extraordinario de gran lujo artístico que, con el título de *Charitas*, había de publicarse en Barcelona bajo la dirección del eminente poeta catalán Francisco Matheu, a beneficio de los damnificados por los últimos y memorables terremotos de Granada, y que al fin no se publicó por insuperables dificultades nacidas de la magnitud misma del proyecto."

El periódico aludido no llegó a publicarse, pero *El óbolo de un pobre* fue publicado, en cambio, en *El Atlántico*, 16 de abril de 1890. *Por lo que valga* tiene nota a pie de pág. 221 y está fechado en 1890. *El reo de P...* (pág. 261), 1898. *La Lima de los deseos*, fechado 1900, pág. 274. *Va de cuento* tiene nota, pág. 277: "Leído en un banquete ofrecido a D. B. Pérez Galdós, por sus amigos de Santander". Sin fecha. *Esbozo*, 1892, pág. 310. *De mis recuerdos*, fechado al fin (pág. 321), Marzo 30, 1900.

El ejemplar de esta 1.ª edición de *Pachín González* junto con los artículos y escritos coleccionados (la 1.ª de *Pachín González* es de 1896) que se conserva en la Biblioteca de Menéndez Pelayo, tiene la siguiente dedicatoria autógrafa: "A Marcelino Menéndez, / sin adjetivos / J. M. de Pereda." Está escrita en lápiz, con mano vacilante, y debe de contar entre los últimos papeles con la rúbrica perediana.

---

[1] Falta el subtítulo (*Idilio vulgar*) en esta edición.

[2] Previamente "Correspondiente". Pereda había ingresado en la Real Academia en 1897.

Ediciones subsecuentes.

Al publicarse nuevamente *Pachín González* y los artículos y escritos diversos se añadió al tomo la Biografía de Pereda publicada anteriormente con el título "Apuntes para una biografía de Pereda" en el número especial de *El Diario Montañés* de 1 de mayo de 1906. Se diferencia bastante de la edición de 1906:

3.ª ed., *Pachín González y Biografía de Pereda*, Madrid, Victoriano Suárez, 1922. Págs 558. Aparecen aquí los Apuntes o Biografía por primera vez en forma de libro, págs. 309-556. Se incluyen los mismos artículos y escenas, etc., que figuraron en la ed. de 1906.

Las dos series de *Obras completas*, que siguen el orden apuntado en esta lista de las *Obras completas*, son:

OBRAS COMPLETAS / DE / D. JOSÉ MARÍA DE PEREDA / Con un prólogo de D. Marcelino Menéndez y Pelayo. Segunda edición. Madrid. M. Tello. 1884-1906. XVII tomos, cada uno de tamaño uniforme de 17,5 cm.

OBRAS COMPLETAS / DE / D. JOSÉ MARÍA DE PEREDA / Con un prólogo por D. Marcelino Menéndez y Pelayo / Madrid / Librería General de Victoriano Suárez. 1920-1930. Tamaño uniforme de 16,5 cm.

Sólo se diferencian estas dos series en el contenido del tomo XVII, que incluye la *Biografía* en la edición posterior, y en el tamaño de los volúmenes. El tamaño menor de la edición de Suárez va junto con mayor número de páginas.

APARTADO IV

EDICIONES POSTERIORES DE LAS OBRAS COMPLETAS

EDICIONES SUELTAS

Obras Eternas. Ediciones Aguilar, S. A., Madrid. En la colección Aguilar de Obras Eternas figuran las *Obras completas* de Pereda desde 1934:

JOSÉ MARÍA DE PEREDA / OBRAS COMPLETAS / Con un estudio preliminar / por / José María de Cossío, Aguilar, Madrid, 1934, 1 tomo, 8.º mayor, XXXV + 1.245 p. Edición en papel biblia.

Llegan a una decena las nuevas ediciones y reimpresiones:

2.ª ed., 1940, 2.111 págs., 1 tomo.
3.ª ed., 1943, págs. XXXIX - 2.296, 1 tomo.
4.ª ed., 1945, págs. 2.558, 1 tomo.
5.ª ed., 1948, 2 tomos, 1.506 y 1.486 págs., tomos 10 - 10 bis.
6.ª ed., 1954, 2 tomos, 1.472 y 1.469 págs. 2 láms.
7.ª ed., 1959, 2 tomos, 1.406 y 1.417 págs., 2 láms.

El cambio más importante de contenido es la inclusión, desde la 4.ª edición, de 1945, de los llamados *Escritos de juventud*. El tomo XVII de las *Obras completas* en la edición de Suárez, desde *De Patricio Riguelta...* hasta *De mis recuerdos,* se reimprime junto con *Pachín González,* quedando fuera de todas las ediciones Aguilar la *Biografía*.

En tomos separados publica la misma editorial las *Obras completas,* 1942-1943:

I *Escritos de juventud,* Aguilar, Madrid, 1942, 309 págs. 17,5 cm. (tamaño uniforme).
II *Escenas montañesas,* Aguilar, Madrid, 1942, 298 págs.
III *Tipos y paisajes,* Aguilar, Madrid, 1942, 325 págs.
IV *Bocetos al temple / Tipos trashumantes,* Aguilar, Madrid, 1943, 283 págs.

V *Los hombres de pro,* con prólogo de M. Menéndez Pelayo, Aguilar, Madrid, 1943. LXIX y 172 págs.
VI *El buey suelto,* Aguilar, Madrid, 1943, 267 págs.
VII *Don Gonzalo González de la Gonzalera,* Aguilar, Madrid, 1943, 308 págs.
VIII *De tal palo, tal astilla,* Aguilar, Madrid, 1943, 288 págs.
IX *Esbozos y rasguños,* Aguilar, Madrid, 1943, 251 págs.
X *El sabor de la tierruca,* con prólogo de B. Pérez Galdós, Aguilar, Madrid, 1942, 285 págs.
XI *Pedro Sánchez,* Aguilar, Madrid, 1943, 328 págs.
XII *Sotileza,* Aguilar, Madrid, 1942, 372 págs.
XIII *La Montálvez,* Aguilar, Madrid, 1943, 316 págs.
XIV *La puchera,* Aguilar, Madrid, 1943, 380 págs.
XV *Nubes de estío,* Aguilar, Madrid, 1943, 370 págs.
XVI *Al primer vuelo,* Aguilar, Madrid, 1943, 324 págs.
XVII *Peñas arriba,* Aguilar, Madrid, 1942, 384 págs.
XVIII *Pachín González,* Aguilar, Madrid, 1943, 182 págs.

EDICIONES SUELTAS MÁS IMPORTANTES

(Reseñamos primero las series de novelas y escenas de Pereda que, aunque largas, no llegan a ser *Obras completas,* y después los tomos sueltos de alguna importancia.)

Biblioteca Mundial Sopena. Buenos Aires. Editorial Sopena Argentina. 1939-1941.

Sotileza, 1939, 22 cm. (tamaño uniforme).
El sabor de la tierruca, 1939.
El buey suelto, 1939.
Peñas arriba, 1940.
Escenas montañesas, 1939.
Don Gonzalo González de la Gonzalera, 1940.
La puchera, 1940.
Pedro Sánchez, 1940.
Nubes de estío, 1941.

Espasa-Calpe, S. A. Madrid. Colección Austral.

58-*Don Gonzalo González de la Gonzalera,* 1939, 17,5 cm. (tamaño uniforme).
414-*Peñas arriba,* 1944.
436-*Sotileza,* 1944.
454-*El sabor de la tierruca,* 1944.
487-*De tal palo, tal astilla,* 1944.
528-*Pedro Sánchez,* 1945.
558-*El buey suelto...,* 1944.

Editorial Losada, S. A. Buenos Aires. Biblioteca Contemporánea.

Peñas arriba, 5.ª ed. 1965. 18 cm.
El sabor de la tierruca, 1944.

Colección Popular Literaria. Imp. de J. Ruiz Alonso, Madrid, 1955-1958. 20 cm.

El buey suelto, 1957.
Don Gonzalo González de la Gonzalera, 1958.
El sabor de la tierruca, 1956.
Sotileza, 1955.
La Montálvez, 1956.
Nubes de estío, 1957.
Al primer vuelo, 1956.
Peñas arriba, 1955.

Colección Nova-Mex. Editorial Novara-México. México, 1958.

Don Gonzalo González de la Gonzalera, 1958.
El sabor de la tierruca, 1958.

Librería y Casa Editorial Hernando, Madrid, 1935. 8.º

Escenas montañesas.
Bocetos al temple / Tipos trashumantes.
Esbozos y rasguños.
De tal palo, tal astilla.
La puchera.

Colección Crisol. M. Aguilar, Madrid. Ediciones Aguilar, S. A.

Escenas montañesas (Antología): *La noche de Navidad, A las Indias, Suum Cuique, La leva, El fin de una raza.* Madrid, Aguilar, 1963, 455 pp. 11,5 cm.

Peñas arriba, Madrid, Aguilar, 1943 (5.ª ed. 1957), 522 pp.

Escenas montañesas, Berlín, W. J. Mörlins, 1924, 276 pp.

José María de Pereda, *Escenas*, Madrid, Librería General de Victoriano Suárez, Preciados, 48, 1929. (reverso de portada) Tip. de A. Fontana; San Bernardo, 7, Madrid, 166 pp. Interesa esta edición por ser la única publicada por Suárez que no figura en la serie de *Obras completas* de Suárez. Es edición popular y barata. Contiene: *La leva, La noche de Navidad, El fin de una raza, La robla, La caza del oso* (de *Peñas arriba*).

Suum Cuique, Madrid, José M. Urgoiti, Imp. Diana, 1940, 4.º, 23 pp.

Cuentos escogidos de los mejores Autores Castellanos contemporáneos, coleccionados y con prefacio y noticias literarias por Enrique Gómez Carrillo, París, 1894, (2.ª ed. de 1928) VII + 434 pp. Contiene *La leva* y *El fin de una raza.*

Blasones y talegas (de *Tipos y paisajes*), Novela original de D. — (Primera serie fuera de concurso). Madrid, Imprenta de la Biblioteca Patria,

X + 130 pp. 17 cm. Cart. Biblioteca Patria de obras premiadas, tomo XLVI. Tiene prólogo de Enrique Menéndez Pelayo.

La leva y otros cuentos, con prólogo y notas de Laureano Bonet, El Libro de Bolsillo, Alianza Editorial, Madrid, 1970, 241 pp. Contiene: *La leva, El fin de una raza, El raquero, La buena gloria, Las brujas, A las Indias, Blasones y talegas.* Prólogo y notas. El prólogo, de unas 25 págs., es una aportación importante y sucinta a la crítica perediana.

Las brujas (de *Tipos y paisajes*), con una novela de Carlos Héctor de la Peña, *El hipócrita.* Colección Voces Nuevas, I, Editorial Jus, México, 1959. *Las brujas* (de *Tipos y paisajes*), Ediciones G. P., Madrid, (sin año, 1954), 64 pp., 16.º (En la Enciclopedia Pulga, núm. 93.)
J. M. de Pereda, *Páginas escogidas,* Biblioteca Zig-Zag, Santiago de Chile, Editorial Zig-Zag.

Pedro Sánchez. Prólogo y notas de José M.ª de Cossío, Madrid, 1958, 2 tomos, 19,5 cm., XXXIX + 204 pp. - 246 pp. Clásicos Castellanos, tomos 144, 145, Espasa-Calpe, Madrid. (Hay 2.ª ed. de 1965). Otra edición, como la de *La leva y otros cuentos,* de Laureano Bonet, que ocupa una posición importante en la crítica perediana por su prólogo agudo.

Sotileza (novela), Las Américas Publishing Co., New York, 1962, 412 pp.

Sotileza, Buenos Aires, Gladium, 1944, 336 pp.

Sotileza, Biblioteca Emecé de Obras Universales. Buenos Aires, Editorial Emecé, sin año, tomo I de la colección.

Peñas arriba, Selección, prólogo y notas de Fermín Estrella Gutiérrez, Buenos Aires. Editorial Kapelusz, 1960, 241 pp. (Biblioteca de grandes obras de la literatura universal).

Tipos trashumantes. Dibujos de Mariano Pedrero, Barcelona, Imprenta de Henrich y Cía. en Comandita, 1897, pp. 261. 23 cm. Es edición de lujo, tela roja, hojas de guarda jaspeadas, lomo y nervios becerro, decoraciones doradas en las tapas.

APARTADO V

Al Sr. D. J. M. de Pereda.

AZ APJA FIA.

REGÉNY.

Irta

D. JOSÉ M. DE PEREDA,

A SPANYOL KIR. AKADÉMIA TAGJA.

A SZERZŐ ENGEDÉLYÉVEL SPANYOL EREDETIBŐL FORDITOTTA

KÖRÖSI ALBIN.

BUDAPEST, 1897.
NYOMATOTT AZ „ALKOTMÁNY" KÖNYVNYOMDÁBAN, VIII., MARIA-UTCA 11.

JOSE-MARIA DE PEREDA

SOTILEZA

ROMAN TRADUIT DE L'ESPAGNOL

AVEC L'AUTORISATION DE L'AUTEUR

PAR

JACQUES PORCHER

———⊳•⊲———

PARIS

LIBRAIRIE HACHETTE ET Cie

79, BOULEVARD SAINT-GERMAIN, 79

—

1899

Tous droits réservés.

TRADUCCIONES

DE TAL PALO TAL ASTILLA.

AZ APJA. REGENY. IRTA D. ——— A szerzö engedélyével spanyol ere-
detiböl forditotta: Körösi Albin. Budapest. Nyomatollaz - Alkotmany. 1897.
331 págs. y 1 hoja. (Traducción al húngaro de la novela *De tal palo, tal
astilla*).

LA FISIOLOGÍA DEL BAILE (De *Esbozos y rasguños*).

ANG SAOT / Mga Pagpapainoimo / Su Tungud / Sang Mga Saot /
nga / Valay Cauqdang / o Ang / Macatandug Sa Cailibgon / Nga Maio-
DK / Manila "hacia (sic) 1890". (reproduzco aquí el contenido de una
ficha. El ejemplar correspondiente parece que se ha perdido. Se trata de
una traducción a la lengua besaya (Tagalo) de *La fisiología del baile* de
Esbozos y rasguños).

SOTILEZA

JOSÉ MARÍA DE PEREDA / SOTILEZA / Roman traduit de l'espagnol / avec l'autorisation de l'auteur / par / Jacques Porcher / Paris /
Librairie Hachette et Cie. / 79, Boulevard Saint Germain, 79 / 1899 /
Tous droits réservés / Págs. 308. Table des matiéres, págs. 307-308. (Están
omitidos el prólogo y el glosario de las ediciones españolas. Se explican
giros y frases difíciles en el texto).

La misma traducción, de Jacques Porcher, figura en *Sommets de la
littérature espagnole* (du XII au XIX siècle... présentation de Georges
Haldas et José Herrera Petere), préface générale de Jean Cassou, Lau-
sanne, Éditions Rencontre, 1962, pp. 583. (Contiene también traducciones
de *El sombrero de tres picos* y *Nazarín*).

La traducción de Porcher apareció primero en *Revue des Deux Mondes*, de 1898. V. sobre las "mutilaciones" infligidas en la novela Gullón, *Vida de Pereda*, pp. 259-261.

SOTILEZA

JOSÉ MARÍA DE PEREDA / SOTILEZA / Traduzione di Carlo Boselli / A. Mondadori. Milano (en el reverso de la portada) Printed in Italy - MCMXXXV. Págs. 486. Índice en págs. 485-486. Prólogo, págs. 9-13, incluye traducción de la posdata de junio de 1888. Nota biográfica y crítica, págs. 475-481.

SOTILEZA

SOTILEZA / A Novel by José María de Pereda / Translated by / Glenn Barr, Ph. D. / Professor of Romanic Languages / Miami University, Oxford, Ohio / An Exposition-Banner Book / Exposition Press - New York, 1959. Págs. 315. Contiene una introducción sobre Pereda y *Sotileza*, págs. 11-16. Detalles sobre el traductor en la solapa. (Edición abreviada).

SOTILEZA

SOTILEZA / Das Fischermadchen / Von Santander / Von / José María de Pereda / Mitglied der Spanischen Academie / Berechtigte Uberfekung Von Alfred Boigt / I bis 12 Tausend / Reutlingen / Enklin & Laiblins Verlagsbuchhandlung. 92 págs. con índice. Grabado en la cubierta.

PEDRO SÁNCHEZ

Roman af Don José María de Pereda / Paa Dansk Ved Johanne Allen / Med forard af Prof. Dr. Kr. Nyrop / Det Schubotheske Forlag / Kobenhavn. MDCCCXCVI. Hannover. 404 págs. Prólogo, págs. i-vi.

PEDRO SÁNCHEZ

PEDRO SÁNCHEZ, traducción de A. de Treverret. Carece de portada y título abreviado. Se publicó esta traducción primero en *Revue Brittanique*, enero-julio de 1887, tomos I-IV.

AL PRIMER VUELO

FLÜGGE / Roman / Von / José María de Pereda / Mitglied der fonigl. / Span Academie / Autoritierte. Ueberfekung aus dem Spanischen von / H. Kak u. A. Rudolph. / München und Wien. / Verlag von Rudolph Ubt / 1899. 216 págs. Nota sobre "José M. de Pereda" en la pág. siguiente. Se incluye esta traducción en una serie de las mejores novelas de todas las naciones: "Roman - und Novellen - Schatz / Eine Ausmahl der Besten Romane und Novellen aller Nationen / Erster Farhgang. Band 18 / ".

PEÑAS ARRIBA

DANS LA MONTAGNE. Traducción de Henri Collet y Maurice Perrin. Prefacio de René Bazin. Paris, Librairie Delagrave, 1918.

JOSÉ M. DE PEREDA

SOTILEZA

TRADUZIONE DI
CARLO BOSELLI

A. MONDADORI · MILANO

SOTILEZA

A Novel by José María de Pereda

Translated by

GLENN BARR, Ph.D.

Professor of Romanic Languages
Miami University, Oxford, Ohio

An Exposition—Banner Book

EXPOSITION PRESS   NEW YORK

ROMAN.

PEDRO SANCHEZ

Par D. José-Maria de PEREDA

(1er extrait.)

I

Mon village, en ce temps-là, n'était pas la moitié de ce
qu'il est aujourd'hui. Il se composait de quatre pâtés de mé-
chantes maisons, assez éloignés les uns des autres, et la plus
belle de ces maisons était celle de mon père, quoique bien
vieille et délabrée. Mais enfin elle avait deux balcons, un large
portail, un jardin sur le coté, un puits et un lavoir dans la
basse-cour, et jusqu'à son petit écusson blasonné sur la façade
principale. Jamais je n'ai su me rendre compte de ce que
pouvaient bien représenter ces bas-reliefs rongés et pou-
dreux ; mais mon père, qui les avait vus, prétendait-il, sous
leur forme primitive, m'a assuré souvent que c'étaient des
abarcas (1) à la mode du pays, c'est-à-dire des sabots, et le
buste d'un grand seigneur portant longue barbe et manteau ;
et que tout cet ensemble était comme un hiéroglyphe signi-
fiant, en bon castillan, *Sancho Abarca* (2), duquel descen-
daient les Sanchez de ma famille. Cette interprétation me
paraissait ingénieuse et même agréable, et je l'acceptais sans
m'engager dans de nouvelles recherches, non seulement parce
que cela plaisait à mon père, qui aimait beaucoup ces sortes
de choses, mais surtout parce qu'elles étaient un objet de
moquerie pour nos pauvres voisins les Garcias, gens ordinaires
qui nous regardaient par-dessus l'épaule, sous prétexte qu'ils
contribuaient pour un peu plus que nous à l'impôt territorial
et qu'ils ne cessaient jamais d'être du conseil.

A vrai dire, la fortune de mon père et l'étoffe usée de sa

(1) Sorte de chaussure montagnarde.
(2) Qui dut son surnom à l'usage de cette chaussure.

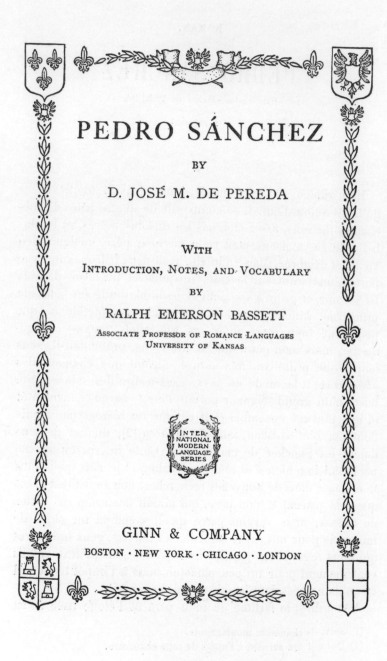

PEDRO SÁNCHEZ

BY

D. JOSÉ M. DE PEREDA

WITH

INTRODUCTION, NOTES, AND VOCABULARY

BY

RALPH EMERSON BASSETT

ASSOCIATE PROFESSOR OF ROMANCE LANGUAGES
UNIVERSITY OF KANSAS

INTER-
NATIONAL
MODERN
LANGUAGE
SERIES

GINN & COMPANY

BOSTON · NEW YORK · CHICAGO · LONDON

PEÑAS ARRIBA

SU PER LA MONTAGNA / di / José María de Pereda / a cura di / Carlo Boselli / Ultra, Milano, 1945. Págs. 535. Nota sobre Pereda, págs. 523-535.

PEÑAS ARRIBA

Das Erbe von Tablanca. Ins Deutsche übertragen von Gerda V. Uslar. Leipzig. P. List, 1944. 479 págs.

EL FIN DE UNA RAZA (*Escenas montañesas*)

THE LAST OF THE BREED AND OTHER STORIES, translated by Denis Freeman, David Nutt, London, 1914, pp. VII + 178. Contiene, además de la traducción de *El fin de una raza,* las escenas siguientes: Not to the Matter Born (*Para ser un buen arriero*); The Levy (*La leva*); Christmas Eve (*La Noche de Navidad*); The Dressmaker Depicted by Herself (*La costurera pintada por sí misma*).

Udmonstringen (*La buena gloria,* de *Escenas montañesas*). Af Don José M. de Pereda. Oversat fra Spansk af Johanne Allen. Illustreret Tidende (Copenhague), 13 de noviembre de 1898, pp. 114-116.

SOTILEZA (Extractos traducidos).

Great Sea Stories of all Nations, edición de H. M. Tomlinson, Doubleday Doran. Garden City, 1930. Traducción de A. F. G. Bell.

EXTRACTOS DE VARIAS OBRAS

Extractos traducidos de *Sotileza, La leva, Los hombres de pro* y *Don Gonzalo,* con introducción, en "Library of the World's Best Literature" XXIX, Peale & Hill, New York, 1897; Brook, Glasgow & Toronto, 1917. Introducción y traducción de W. H. Bishop.

EDICIONES EXTRANJERAS

BLASONES Y TALEGAS (de *Tipos y paisajes*) texte établi et présenté par Jean Camp, Toulouse, E. Privat, Paris, H. Didier, 1937, págs. VII-XXXII (introducción) y 101 (texto). Thèse complémentaire (Jean Camp) Univ. de Paris. Es importante la introducción por la semejanza que traza Camp entre *Blasones y talegas* y *Sacs et parchemins* de Jules Sandeau.

TIPOS Y PAISAJES (Selección). Pereda Auswahl aus "Tipos y paisajes". Mit Einleitung und Ammerkungen herausgegeben von B. Wiese, 1924. Teubners Spanische und Hispanoamerikanische Textausgeben, Leipzig. B. G. Teubner.

PEDRO SÁNCHEZ, by J. M. Pereda, with Introduction, Notes and Vocabulary by R. E. Bassett. Boston, Ginn & Co., 1908, LXXXVIII + 379 págs., con retrato del autor.

DON GONZALO GONZÁLEZ DE LA GONZALERA / Novela por D. José María de Pereda; authorized edition with introduction, notes and vocabulary by Edwin B. Place. With original drawings by Angel Cabrera Latorre. Chicago, New York, etc. B. H. Sanborn & Co. 1932, págs. XV y 300. Bibliographical note, p. XV. (The Hispanic series under editorship of J. D. Fitz-gerald).

SOTILEZA, New York, Las Américas Publishing Co., 1962, 412 págs.

PACHÍN GONZÁLEZ / by / D. José M. de Pereda / edited by J. Manson MA, George G. Harrap & Company Ltd., 1936. Contiene nota bibliográfica y comentario crítico. 160 págs. Es edición abreviada.

APARTADO VI

ESCRITOS DE PEREDA

PUBLICADOS EN LA PRENSA MONTAÑESA

(1858 - 1869)

(Quedan excluídos los escritos cortos que figuran como contribución regular en cada número, por ej., "Novena", "Última hora", "Anuncio", "Teatro", etc.)

El Tío Cayetano — 1.ª época.

Núm. 1.	"Pido la palabra" (en colaboración con Antonio L. Bustamante).	5 diciembre 1858.
	"Las dulzuras de Himeneo, o Escarmentar en la ajena (plan que tiene Cayetano para hacer una comedia)". "Por lo no firmado R. López".	5 diciembre 1858.
Núm. 2.	"Las visitas".	12 diciembre 1858.
Núm. 3.	"Las visitas" (continuación).	
	"Cuadros del país. El Trovador (Escena sentimental)".	19 diciembre 1858.
Núm. 5.	"Las visitas" (continuación).	2 enero 1859.
Núm. 6	"Cuadros del país — Los pastorcillos. El Invierno". "Por lo no firmado, Regino Montálvez".	9 enero 1859.
Núm. 7.	"Las visitas" (IV). "El Invierno" (conclusión).	16 enero 1859.
Núm. 8.	"Contigo pan y cebolla".	23 enero 1859.
Núm. 9.	"La cruz de Pámanes. Novela romántica por D. Cayetano de Noriega — Introducción".	30 enero 1859.
Núm 10.	"Cuadros del país — El Jándalo".	6 febrero 1859.

61

Núm. 11. Suplemento: "Motivos de escaso interés para nuestros lectores, pero de indelible recuerdo para Cayetano, han impedido la continuación de la novela que, con el título de *La Cruz de Pámanes*, empezamos a publicar en el número 9 de nuestro periódico." (Sigue una carta del autor a D. Cayetano Noriega, de Pámanes, 10 de febrero de 1859, firmado "Roque Colodres").
"Cuadros del país — El concejo de mi lugar".   13 febrero 1859.

Núm. 12. "El arte de mentir".
"Más sobre *La Cruz de Pámanes*".
"*La Cruz de Pámanes* — Leyenda trasmerana del siglo XVI".   20 febrero 1859.

Núm. 13. "Deus dederat, Deus abstulit".
"La Primavera" (a ciertos antiguos camaradas de Cayetano).   27 febrero 1859.

Diario del Comercio

"Lo que fue, lo que será y lo que somos" (firmado "Jeremías Paredes").   3 mayo 1859.
Revista teatral.   12 mayo 1859.
Revista teatral.   26 mayo 1859.

La Abeja Montañesa

"Cúbranse Vds."
"Aunque sea de menos".   15 septiembre 1859.
"Santander, 20 de septiembre" (la emigración).   20 septiembre 1859.
Gacetilla.   29 septiembre 1859.
"Romance de pura sangre".   29 septiembre 1859.
Teatro.   19 noviembre 1859.
"Policía, ornato, moral pública" (I).   24 noviembre 1859.
"Policía, ornato, moral pública" (II).   26 noviembre 1859.
Teatro (zarzuela).   Aparece en casi todos los números entre 26 noviembre 1859 y 22 junio 1860.

"El siete de febrero de 1860" (guerra de África)   7 febrero 1860.
"Artículos inocentes" (III).   9 abril 1860.
Correspondencia privada.   28 julio 1860.
Teatro.   2 y 26 agosto 1860.
"Los periódicos de provincias" (I).   13 septiembre 1860.
Comunicado.   27 septiembre 1860.
Teatro (zarzuela).   3, 10, 17 noviembre 1860.

Comunicado.   22 noviembre 1860.
Teatro.   1, 4, 8 y 22 diciembre 1860.

Gacetilla.   22 diciembre 1860.
"Apuntes para la historia".   5 enero 1861.
Teatro.   12 y 26 enero 1861.

"Un ente".   26 enero 1861.
Teatro (zarzuela - música).   2, 14 y 17 febrero
                                                                   1861.
Teatro (ópera).   23 febrero, 2 y 16
                                                                   marzo 1861.
"Santander".   27 febrero 1861.
"Por una especial deferencia".   14 marzo 1861.
"A paseo".   16 marzo 1861.
Teatro (ópera).   9 abril 1861.
"Cartas populares" (traducción del alemán).   11 abril 1861.
Teatro (Comedia M. Fernández).   6 julio, 3 y 10
                                                                   agosto 1861.
Teatro "El tanto por ciento".   13 julio 1861.
Escena de una comedia inédita.
Gacetilla.   16 julio 1861.
"Baile campestre".   29 agosto 1861.
Teatro - El peor enemigo.   "
"A los toros, a los toros".   "
"Santander".   22 octubre 1861.
"Dos palabras sobre el teatro".   26 octubre 1861.
"Fábula".   31 octubre 1861.
Teatro - "El loco de la guardilla".   30 noviembre 1861.
"Santander".   11 diciembre 1861.
Bibliografía (obras de Trueba).   9 enero 1862.
Necrología (Martínez de la Rosa).   11 febrero 1862.
"Idilio".   19 febrero 1862.
Gacetilla (Cultos a las artes).   13 mayo 1862.
Teatro (ópera).   22 mayo, 3, 7 y 24
                                                              junio, 5 julio y 12
                                                                   agosto 1862.

Gacetillas. Teatro - *El Trovador*.   26 agosto 1864.
    "   "   *La Sonámbula* (I).   27 agosto 1864.
    "   "   *La Sonámbula* (II).   31 agosto 1864.
"La orquesta fatal, ¿no podría arreglarse un
poquillo, Sr. Empresario?"   14 septiembre 1864.
Gacetillas (*El Barbero de Sevilla*).   21 septiembre 1864.
"El día de los difuntos".   2 noviembre 1864.
Gacetillas. "A las Indias".   5 noviembre 1864.
Gacetillas. "Amena literatura".   13 diciembre 1864.
    "   "   "   30 diciembre 1864.
"El libro de María".   2 mayo 1865.
"Amena literatura".   12 mayo 1865.
"Cuestión peliaguda".   13 mayo 1865.
Teatro.   16 mayo 1865.
Correspondencia privada.   8 agosto 1865.
"Los baños del Sardinero".   17 agosto 1865.
"Protesto" (Gacetillas).   16 abril 1866.
"La Romería del Carmen" (I y continuaciones).   12 junio, 13 y 14
                                                                   julio 1866.
"Carta al indiano de Vendejo".   23 agosto 1866.
Comunicado (teatro) "Cantares".   23 mayo 1867.
Comunicado (teatro).   14 enero 1868.
"Ya escampa".   21 octubre 1868.

El Tío Cayetano. 2.ª época. (Quedan excluídas las contribuciones regulares como "Espíritu de la prensa", "Menudencias", "Espíritu de las Cortes", etc.)

Núm. 1 " ¡Loado sea Dios! "
"Preliminares".
"Suelto".   9 noviembre 1868.

Núm. 2 "Por lo que valga".
"Fabulilla casera" (poema).   15 noviembre 1868.

Núm. 3 "El futuro congreso".
"Sic itur..."
"Lo que a mí me falta".   22 noviembre 1868.

Núm. 4 "Para la Historia".
"Lo que a mí me sobra".
"Romance morisco".   29 noviembre 1868.

Núm. 5 "Arqueología".
"Pesadilla" (versos).   6 diciembre 1868.

Núm. 6 Comunicado - "Sr. D. Cayetano de Noriega", firmado "Patricio Rigüelta".
"Refranes suculentos".
"Teatro de la situación".   13 diciembre 1868.

Núm. 7 "Monti y Tognetti" (Este título se reimprimió varias veces como *Monti y Toquetti*).
"Dictamen".
Bocetos.   20 diciembre 1868.

Núm. 8 " ¡Velay, Usté! "
"Un consejo".   27 diciembre 1868.

Núm. 9 "Año Nuevo".
"Como se pedía".   5 enero 1869.

Núm. 10 "Artículo sangriento".
"La cuestión de timbre".
Correspondencia, firmado "Patricio Rigüelta".   10 enero 1869.

Núm. 11 "La conciencia española".
"El primer problema".   17 enero 1869.

Núm. 12 "La mano y el ojo".
"La primera incógnita".
"Vice versa".
"Lo de siempre".   24 enero 1869.

Núm. 13 "Dos palabras en serio".
"Recurso heróico"   1 febrero 1869.

Núm. 14 "Pisto".
"Más pisto".   7 febrero 1869.

Núm. 15 "Artículo de Vigilia".
"El Retablo de Maese Pedro".
"Género ultramarino".   14 febrero 1869.

Núm. 16 "Meditaciones".
"Frutos coloniales".   21 febrero 1869.

Núm. 17 "Castro-Fé".
"Otra más".   1 marzo 1869.

Núm. 18 " ¡Gracias, Dios mío! "
"Ecce Homo".
"¿Cómo la quiere V.?"   7 marzo 1869.

Núm. 19   "Paralelos".   14 marzo 1869.
Núm. 20   "Dos Redenciones".
          "Pues bien claro está".   25 marzo 1869.
Núm. 21   "Espíritu de las Cortes".
          "Menudencias".   4 abril 1869.
Núm. 22   "El obelisco del 2 de mayo".   11 abril 1869
Núm. 23   "Metamorfosis".
          "Más honra".   18 abril 1869.
Núm. 24   "Pascualillo el pastor..."   25 abril 1869.
Núm. 25   "La fruta de septiembre".
          "La incógnita".
          "La lógica setembrina".   2 mayo 1869.
Núm. 26   "Insisto".
          "Tal para cual".
          "¡Craccc!"
          "El dedo de Dios".   9 mayo 1869.
Núm. 27   "Heráldica".
          "Otro síntoma".   16 mayo 1869.
Núm. 28   "¿En qué quedamos?"
          "La hacienda".
          "Ya se van entendiendo".
          "La Regencia".   27 mayo 1869.
Núm. 29   "Va de cuento".
          "Fórmulas salvadoras".
          "Lo de Cuba".
          "Pinto el caso".   6 junio 1869.
Núm. 30   "Más frutos gloriosos".
          "¡A la vista estaba!"
          "Diálogo subterráneo".
          "Albañilería".   13 junio 1869.
Núm. 31   "La libertad de los libres".
          "Aliquid chupatur".
          Correspondencia, firmado "Patricio Rigüelta".   20 junio 1869.
Núm. 32   "La tercera edición".
          "El 22 de junio".
          "Recortes".
          "Vae Victis".   27 junio 1869.
Núm. 32 1/2   "Al país". "Post scriptum".   4 julio 1869.

La Tertulia. (1.ª serie), febrero de 1876.

   "Escena diaria", pp. 129-133.

La Tertulia. (2.ª época), 1876-77.

   "La mujer del ciego, ¿para quién se afeita?" (pp. 18-27). También se publican en *La Tertulia* la mayoría de los artículos y escenas de *Tipos trashumantes.*
   "Velarde", pp. 578-587.
   "La llegada del correo", pp. 622-629.
   Crítica de *Las costumbres populares de la sierra de Albarracín,* de D. Manuel Polo y Peyrolón, pp. 700-703.
   Pregunta 22 de *El Averiguador de Cantabria* (p. 62).
   Réplica a la "contestación a la pregunta 22" (pp. 287-288).

65

APARTADO VII

ESCRITOS DE PEREDA

PUBLICADOS EN LA PRENSA ESPAÑOLA

E HISPANOAMERICANA DESDE 1880

(Extractos de novelas, cuentos y artículos)

De tal palo, tal astilla. Un fragmento del cap. I, *El Imparcial,* 1 de marzo de 1880.

Pedro Sánchez. Unas páginas, *La Época,* 24 diciembre 1883.
"El tirano de la aldea", de *Esbozos y rasguños, La Ilustración Católica,* 15 abril 1883, junto con un retrato de Pereda en la 1.ª pág.

Los hombres de pro, cap. I, *El Estandarte Católico,* 13 agosto 1884.
"A mis contemporáneos de Santander que aun vivan" (prólogo de *Sotileza*),

El Noticiero, 2 marzo 1885.

La Montálvez, primeros párrafos, *El Resumen,* 10 de enero 1888.

La puchera, cap. I, *El Atlántico,* 7 enero 1889.

La puchera, cap. XXVI, *El Correo,* 21 enero 1889.

La puchera, cap. XXI, *El Resumen,* 20 enero 1889.

La puchera, primeras págs., *Los Madriles,* 12 enero 1889.

"Crema fina", *El Atlántico,* 25 noviembre 1889 (se trata de unas págs. del cap. VI de *Nubes de estío,* terminado en diciembre de 1890, aunque el periódico no lo dice).

"El fin de una raza", *El Atlántico,* 29 abril 1890.

Al primer vuelo, cap. VIII, *El Correo,* 8 mayo 1891.

Al primer vuelo, unas págs., *El Heraldo de Madrid*, 2 de julio 1891.

Nubes de estío, unas páginas, *La Época*, 6 febrero 1891.

"Un artista", de *Tipos trashumantes*, traducción al catalán de N. Verdaguer, *La Veu de Catalunya*, 8 mayo 1892.

"Esbozo" ("El sujeto de él no es castizamente español...") *El Eco Montañés*, (Habana), 30 octubre 1892.

"Va de cuento" (leído por Pereda en el banquete que se ofreció en Santander a Pérez Galdós) *El Correo Español*, 15 marzo 1893; *El Imparcial*, 14 marzo 1893; *El Atlántico*, 10 marzo, 1893; *Boletín de Comercio*, 10 marzo 1893; *La Voz Montañesa*, 10 marzo 1893; *El Eco Montañés*, 8 abril 1893; *Heraldo de Madrid*, 11 marzo 1893 (el número del *Heraldo de Madrid* de 11 marzo 1893 consultado en la Biblioteca de Menéndez Pelayo está fechado en 11 marzo 1898).

Peñas arriba, unas págs. del cap. I. *El Liberal*, 28 enero 1895.

Peñas arriba, cap. XI, *El Atlántico*, 30 de diciembre 1894.

Peñas arriba, unas págs. del cap. XI, *La Época*, 7 enero 1895.

Peñas arriba, unos párrafos, *Los Lunes de El Imparcial*, 7 enero 1895.

Peñas arriba, unos párrafos, *Heraldo de Madrid*, 28 enero 1895.

Peñas arriba, cap. XXII, *El Correo*, 28 enero 1895.

Peñas arriba, un capítulo, *La Unión Mercantil e Industrial*, 14 febrero 1895.

Peñas arriba, unas págs., *El Eco Montañés* (Habana), 3 febrero 1895.

Los hombres de pro, capítulo, "Corona fúnebre", *El Ensayo*, núm. 1, sin fecha.

Pachín González, unas págs., *Nuevo Mundo*, 20 febrero 1896.

Pachín González, unas págs., *Heraldo de Madrid*, 19 febrero 1896.

Pachín González, unas págs., *La Época*, 22 febrero 1896.

Pachín González, dos párrafos, *La Concordia*, 23 febrero 1896.

Pachín González, unas págs., *El Correo*, 24 febrero 1896.

Pachín González, unas págs., *El Imparcial*, 19 febrero 1896.

Pachín González, primeras págs., *El Correo Español*, 22 febrero 1896.

Pachín González, unas págs., *La Vanguardia*, 21 febrero 1896.

Discurso en su recepción en la R. A. E., *La Atalaya*, 22 y 27 febrero 1897. Extractos del discurso: *La Vanguardia*, 23 febrero de 1897; *El Correo*, 21 febrero 1897; *La Época*, 21 febrero 1897.

"Un trabajo de Pereda", *Heraldo de Madrid*, 26 abril 1898 (se trata de algunos párrafos de un documento que la Junta de Suscripción de Santander iba a dirigir a los montañeses).

"El ábrego" (extracto de *El sabor de la tierruca*) *La Atalaya*, 12 agosto 1900.

"El Dos de Mayo", *El Universo*, 2 mayo 1908.

"Velarde", *La Atalaya*, 2 mayo 1908; *El Diario Montañés*, 2 mayo 1908.

APARTADO VIII

ESCRITOS MISCELÁNEOS

(Teatro, Prólogos, Discursos, Cartas y Autógrafos
correspondientes, Cuentos, Artículos y Miscelánea)

TEATRO

No hay título abreviado.
ENSAYOS DRAMÁTICOS / DE / JOSÉ MARÍA DE PEREDA / (regla) /
SANTANDER / 1869, 323 págs. 19 cm.

En el reverso de la portada se lee la advertencia que sigue: "La presente edición no se hace para la venta, sino con el objeto disculpable de conservar coleccionados los ensayos más tolerables que en este género ha hecho el autor en ratos de ocio y en brevísimas horas; a cuyo afecto (sic) ha elegido aquellas piezas que tienen ya la sanción del público en diferentes representaciones." Preceden a la portada dos páginas en blanco, empezando la paginación desde la segunda.

Págs. 5-61. TANTO TIENES, TANTO VALES. / Comedia original en un acto. / Representada por primera vez en la noche del 1.º de / Agosto de 1861 / Pág. 61, nota de la autoridad censorial competente: "Habiendo examinado esta comedia, no hallo / inconveniente en que su representación sea / autorizada. Madrid, 9 de Abril de 1862. / El Censor de teatros, / Antonio Ferrer del Río."

Págs. 64-111. ¡PALOS EN SECO! / Cuadro de costumbres cómico-lírico, en un acto. / Música de D. Eduardo M. Peña / Representada por primera vez en Santander en la noche de Navidad de 1861.[1]

Págs. 113-147. MARCHAR CON EL SIGLO / Juguete cómico-filosófico, en un acto, original y / en verso. / Representado por primera vez en la noche del 26 de Agosto de 1863.

---

[1] Para más datos véase el libro de J. M. Gutiérrez-Calderón de Pereda en la sección apropiada.

Págs. 150-196. MUNDO, AMOR Y VANIDAD. / Zarzuela en un acto, original y en verso. / (Música de D. Máximo D. de Quijano). / Estrenada el 21 de Noviembre de 1863. / Pág. 197, nota del Censor como la anterior, fechada en Madrid, 29 de enero de 1864.

Págs. 199-323. TERRONES Y PERGAMINOS / Zarzuela en dos actos, original y en verso. / Música de D. Máximo D. de Quijano. / Estrenada en la noche del 15 de Diciembre de 1866. Índice en la pág. que sigue a la 323.

El ejemplar descrito, conservado en la Sección de Fondos Modernos de la Biblioteca de M. P., perteneció a Federico de Vial y tiene hojas de guarda jaspeadas y encuadernación completa en becerro, con nervios dorados, que caracterizan a muchos de los autógrafos y primeras ediciones de su colección. Este ejemplar, uno de la escasísima tirada de 25 ejemplares en total, se diferencia de los demás de la tirada en el contenido de la portada: lleva el título, la ciudad y el año, y el sello del encuadernador (Florencio Martín. Encuadernación. Puente, 20. Santander). Otro ejemplar en la Biblioteca de Menéndez Pelayo, original y en rústica, lleva en la portada los detalles siguientes, como todos los demás de la tirada: ENSAYOS DRAMATICOS / DE / JOSÉ MARÍA DE PEREDA / SANTANDER / Imprenta de Bernardo Rueda: / Calle de la Compañía, número 22, pral. / 1869. También falta el título abreviado en esta copia, pero en el reverso de la página en blanco que precede a la portada, se lee, en mano de Pereda: *"Tirada de 25 jemplares"*, y en la portada, debajo del título: "A Marcelino Menéndez / y Pelayo, / su afmo. amigo. / J. M. de Pereda", también autógrafo.

M. S. Se conserva el manuscrito de *Marchar con el siglo* en la Biblioteca Nacional, Madrid. Es un folleto sin encuadernar, con cuartillas del tipo y del tamaño acostumbrados, aunque tiene líneas por la anchura de la página en vez de lo normal. Faltan tapas y hojas de guarda. La portada está decorada por los márgenes y debajo del título con plumadas ornamentales, a mano de Pereda. Págs. sin numerar, pero hay 36, escritas en ambos lados.

PORTADA: MARCHAR CON EL SIGLO / Juguete cómico-filosófico, en un acto, ori / ginal y en verso. En la página siguiente se repite el título y el subtítulo y después: Personas... / Acto único / Acotaciones, etc. En la página final: (FIN) / Santander, Dbre. de 1861 / J. M. de P.

M. S. En la Sección de Fondos Modernos de la Biblioteca de Menéndez Pelayo. LA FORTUNA EN UN SOMBRERO, / Comedia en un acto, / (Autógrafo de D. José M.ª de Pereda.) / (inédita) [la parte entre paréntesis en letra de F. de Vial.] Bajo el título, el sello de Vial. Contiene, como muchos de los autógrafos de la Colección de F. de Vial, una descripción bibliográfica:

En el reverso de la portada: Personas / — / D. Melitón / etc. Madrid, Febrero 1854, / 1.ª pág. del texto: Acto único / El teatro representa... / Págs. 33, comenzando la paginación desde la 1.ª pág. del texto. 15,5x21 cm. Hojas de guarda jaspeadas, ex-libris Federico de Vial. Encuadernación pergamino. En la tapa superior: PEREDA / (línea decorada) / AUTOGRAFO.

BLASONES Y TALEGAS. / Arreglo teatral en dos actos, / dividido en cinco cuadros, / original de D. — . / Madrid. Imprenta R. Velasco, 1901, 61 págs. 21 cm. Título abreviado: BLASONES Y TALEGAS.

BLASONES Y TALEGAS / Arreglo teatral / en dos actos, divididos en cinco cuadros, / de la novela montañesa de este título / original de / D. José María de Pereda / por / EUSEBIO SIERRA / con música del maestro / RUPERTO CHAPÍ / Estrenado en el teatro de Apolo el 16 de Marzo de 1901 / Madrid / R. Velasco, Imp., Marqués de Santa Ana, 11 dup.º / Teléfono número 551 / 1901. 61 págs. 21 cm. Disponible únicamente en la Sociedad de Autores Españoles, Florín, 8, bajo.

PRÓLOGOS

FERNÁNDEZ CAMPORREDONDO, D. Calixto. ECOS DE LA MONTAÑA. Colección de poesías, Santander, Martínez, 1862, págs. 284. Prólogo de Pereda, pp. I-XX, con firma de J. Paredes, Santander, enero de 1862. (Lo más interesante de este prólogo son las observaciones de P. sobre el ferrocarril, tan cercanas en fecha a otras tantas incluídas en artículos que formarían las *Escenas montañesas*.)

DE LA VEGA, Federico. MESA REVUELTA / Colección de artículos de costumbres / por FEDERICO DE LA VEGA / Dec. / París / Librería de Rosa y Bouret / Calle Visconti, 23 / 1865, 346 págs. Prólogo de Pereda, pp. VII-XV, Santander, junio de 1865. Índice, Fe de erratas.

POLANCO, Victoriano y PÉREZ DEL CAMINO, Fernando. LA MONTAÑA / Paisajes, Costumbres y Marinas de la Provincia de Santander / por / Victoriano Polanco y Fernando Pz. del Camino / Con una carta autógrafa / de / D. José María de Pereda / Madrid / Establecimiento Tipográfico "Sucesores de Rivadeneyra" / Impresores de la Real Casa / Paseo de San Vicente, 20 / 1889. Págs. 31, sin numerar. Carta autógrafa de Pereda fechada en Abril 10/89.

RUEDA, Salvador. LA REJA / Novela andaluza / con un juicio / de / D. JOSÉ MARÍA DE PEREDA / Madrid / Tipografía de Manuel Ginés Hernández / Impresor de la Real Casa / Libertad, 16 duplicado / 1890. Págs. 251. Índice. Juicio de Pereda, págs. sin numerar.

TERÁN, Luis de. CLARO-OSCURO / Ensayo de novela / Por / LUIS DE TERÁN / con una carta / de Don JOSÉ MARÍA DE PEREDA / Bilbao / Establecimiento Tip. de la Viuda de E. Calle / 1893. Págs. 227. Bilbao, Octubre de 1892. Hay índice en el reverso de la pág. 227. La carta-prólogo de Pereda, fechada en Santander, Noviembre 10 / 92, es contestación a otra de Terán. Otro ejemplar del mismo tiene un autógrafo de Terán en el título abreviado: "Al eximio novelista, gloria de las letras españolas, D. José María de Pereda, en testimonio de admiración y sincero reconocimiento, Luis de Terán."

PÉREZ NIEVA, Alfonso. POR LA MONTAÑA / (Notas de un viaje a Cantabria) / Santander, 1896 / Tipografía de *El Cantábrico*, Compañía, 3, págs. 145. Prólogo "Sr. D. Alfonso Pérez Nieva", pp. V-VIII, firmado J. M. de Pereda / Santander, Marzo 96. Sigue a la pág. 145 el índice y "Obras de Alfonso Pérez Nieva", "Biblioteca de Federico Vial."

ELOLA, José de. EL CREDO / Y / LA RAZON / por / José de Elola / Madrid / Imp. de San Francisco de Sales / Pasaje de la Alhambra, 1 / 1899. Contiene carta de Pereda al Sr. D. José de Elola, fechada en Santander, Junio 14, 1898. Es ésta la 2.ª ed. del libro de Elola. La carta de Pereda se escribió con motivo de la publicación de la 1.ª

ISAACS, Jorge. MARÍA, Prólogo / de / J. M. de Pereda / Madrid / Librería agrícola y casa editorial / Serrano, núm. 14 / 1899. Págs. VIII+429, sin índice. "Carta-prólogo" de Pereda fechada en Polanco, Junio de 1899, pp. V-VIII y dirigida al Sr. D. Francisco Grivas Moreno.

MENÉNDEZ PELAYO, Enrique. A LA SOMBRA DE UN ROBLE / Prólogo de / Don José María de Pereda / Ilusts. de P. Carcedo / Madrid / B. Rodríguez Serra, Director / Flor Baja, número 9 / 1900. / (Este volumen es el tomo XV de la Biblioteca Mignon, de 56 tomos publicados entre 1899 y 1905). Págs. 95. Prólogo de Pereda, pp. 9-15, "A los lectores", firmado J. M. de Pereda / Santander, octubre de 1900.

BERRUETA, Mariano. EL CARRO. EL MISERIOSO. CRÓNICAS DEL CAMPO. Salamanca, 1901, págs. 118, con prólogo de Pereda, pp. I-III, firmado J. M. de Pereda, Mayo 27, 1901.

MARTINEZ ZUVIRÍA, G. A. FANTASÍAS / Y LEYENDAS / 1.ª serie / Con una carta de D. José María de Pereda / 1903 / Est. gráfica La Italia - 9 de julio, 22 a 26, Córdoba, págs. 93. Índice. Carta de Pereda, pp. V-VIII fechada en Santander, Febrero 3 de 1903.

CUEVAS, Domingo. ANTAÑO, Imprenta de Fortanet, Madrid, 1903, pp. XXIV+366. El prólogo de Pereda está fechado en Santander, Noviembre de 1903. La 1.ª ed. de *Antaño*, intitulado *Recuerdos de antaño*, se publicó en 1893 sin prólogo de Pereda y de muy reducida extensión.

DISCURSOS

DISCURSO DE GRACIAS / DEL MANTENEDOR D. JOSEPH M.ª DE PEREDA EN LES JOCHS FLORALS DE BARCELONA DE 1892, Barcelona, 1892, págs. 36. 20,5 cm. Retrato de Pereda, p. 30; discurso de Pereda, en catalán, pp. 34-36. Se reúne en el mismo folleto el Discurso del President dels Jochs Florals de 1892, Sr. D. Ramón Picó y Campamar. (Se publicó en castellano en *El Atlántico*, 13 de mayo de 1892, y 3 de junio de 1892; en *La Vanguardia*, 9 de mayo de 1892; *Las Provincias*, 22 mayo 1892; *El Criterio* (Colombia), 22 de julio 1892; en *El Diario Catalán*, 10 mayo 1892; *Lo Catalanista* (en catalán), 15 mayo 1892, y *La Renaixensa* (en catalán), 9 mayo 1892).

DISCURSOS / LEÍDOS ANTE LA / REAL ACADEMIA ESPAÑOLA / EN LA RECEPCIÓN PÚBLICA / DEL / SR. D. JOSÉ MARÍA DE PEREDA / El domingo 21 de febrero de 1897 / Madrid, Est. Tip. de la viuda e hijos de Tello / Impresor de Cámara de S. M. / C. de San Francisco, 4 / 1897. Págs. 49. 26 cm. DISCURSO / DEL / SR. D. JOSÉ

MARÍA DE PEREDA, pp. 5-28. CONTESTACIÓN / DEL SR. D. BE-
NITO PÉREZ GALDÓS, pp. 31-49. (Se publicó también en *La Atalaya*, 22
y 27 febrero 1897).

El discurso de Pereda ante la Academia fue incluído también, con
otros de M. Menéndez Pelayo y B. Pérez Galdós, en el volumen siguiente:
MENÉNDEZ Y PELAYO - PEREDA - PÉREZ GALDÓS / DISCUR-
SOS / LEÍDOS ANTE LA / REAL ACADEMIA ESPAÑOLA / en las
recepciones públicas / del 7 y el 21 de febrero de 1897 / Madrid / Est.
Tip. de la viuda e hijos de Tello / Impresor de la Cámara de S. M. / C.
de San Francisco, 4 / 1897. Págs. 189. 20 cm. Discurso de Pereda,
pp. 99-147. Contestación de Pérez Galdós, pp. 151-189.

M. S. DISCURSO LEÍDO EN LA INAUGURACIÓN DEL ATENEO
CIENTÍFICO Y LITERARIO DE SANTANDER (discurso inédito). Tres
pliegos y medio de papel de cartas, con canto dorado y la cifra de Pereda
estampada en azul, llenos por todas las caras, numerados 1, 2, 3 y 4 y
firmados José M.ª de Pereda - Santander. Propiedad de D. Eduardo de la
Pedraja.

CARTAS DE PEREDA

CARTAS Y EPISTOLARIOS PUBLICADOS

Ver, en la sección de estudios y artículos críticos sobre Pereda y su
obra: ARTIGAS FERRANDO, MIGUEL; BELTRÁN DE HEREDIA
CASTAÑO, Pablo; BLECUA TEIJEIRO, José Manuel; COSSÍO, José
María (en *José María de Pereda. Selección y estudio*); DEMIDOWICZ,
John; FAUS SEVILLA, Pilar; FERNÁNDEZ-CORDERO Y AZORÍN,
Concepción; GONZÁLEZ PALENCIA, Ángel; GUASTAVINO, Guiller-
mo; HUIDOBRO, Eduardo de; OLLER, Narciso; ORTEGA, Soledad;
PEREDA Y TORRES QUEVEDO, María Fernanda; PITOLLET, Camille;
SÁNCHEZ REYES, Enrique; SHOEMAKER, William H.; VARELA
HERVÍAS, E.; VARELA JACOMÉ, B.

CARTAS: MANUSCRITOS Y BORRADORES

Cartas de Pereda a Gumersindo Laverde Ruiz, en la Biblioteca de Menéndez Pelayo, que están preparadas para su publicación. Son 71 cartas, fechada la primera en 16 de octubre de 1864, y la última en 3 de septiembre
de 1885. Dos cartas sin fecha.

Cartas de Pereda a D. Benito Pérez Galdós (151 cartas), conservadas con
cuidado por el propio Galdós, y ahora de propiedad del Museo Pérez Galdós,
Las Palmas. Son las que publicó Soledad Ortega en su *Cartas a Galdós*.

Cartas de Pereda a Galdós - borradores de ocho de las anteriores. Se
conservan siete de ellas en la Biblioteca de Menéndez Pelayo, y una en el

Archivo Municipal de la Ciudad en la Biblioteca Central de Barcelona (V. el estudio de William H. Shoemaker, "Cartas de Pereda a Galdós y ocho borradores").

Cartas de Pereda a José María y Sinforoso Quintanilla, conservadas en la Biblioteca de Menéndez Pelayo y reunidas por la Dra. Concepción Fernández-Cordero y Azorín en su tesis (V. bajo ésta). Son 5 cartas (1891-96) a Sinforoso Qintanilla, y 63 cartas (1881-1901) a José María Quintanilla, alguna de ellas incompleta.

Cartas de Pereda a Manuel Marañón, en la Biblioteca particular de los herederos del Dr. D. Gregorio Marañón y Posadillo.

Carta a D. Antonio Gomar, fechada 23 marzo 1901, en la Sección de Manuscritos de la Biblioteca Nacional, Madrid. (Pereda había regalado a Gomar el autógrafo de *Pachín González*).

Autógrafos, borradores y minutas de cartas, reunidos en un volumen, encuadernación pergamino, en la Biblioteca de Menéndez Pelayo. Son 108 cartas, desde 1877 hasta 1904, entre ellas cartas importantes a R. Menéndez Pidal, Pérez Galdós (1877-79), Federico Urrecha, León Mera, Roca-Allur, Palacio Valdés, Narciso Oller, Salvador Rueda. De esta colección importantísima se copiaron la mayoría de las cartas que forman la aludida antología de Cossío, *José María de Pereda. Selección y estudio*, 1957.

Cartas autógrafas de J. M. de Pereda (en su mayoría son borradores o minutas) encuadernación pergamino, estampas doradas y hojas de guarda de piel dorada y seda, conservadas en la Biblioteca de Menéndez Pelayo. Pertenecían anteriormente a D. Salvador Pereda. Son 37 cartas (borradores) dirigidas a los siguientes, entre otros: D. Ignacio Altamirano, D. Juan León Mera, D. José López Portillo y Rojas, D. Rafael Obligado, D. G. Picón Febres, M. Jacques Porcher y D. Francisco Josa. Abarcan el período 1887-1903.

Cartas reunidas en una colección de sueltos, antiguamente de propiedad de Eduardo de la Pedraja y ahora pertenecientes a la Biblioteca de Menéndez Pelayo. Tomo V de sueltos en la Colección Pedraja. Contiene cartas de Pereda a A. Palacio Valdés, Narciso Oller, Federico de Vial, Domingo Cuevas, Núñez de Arce.

Cartas a Federico Vial. 24 cartas y tres postales de Pereda a Federico Vial, encuadernadas, en la Biblioteca de Menéndez Pelayo. En lugar de portada: "24 cartas y tres postales" en letra de F. Vial. Hojas de guarda de tela roja, decoraciones doradas. "Ex libris" Federico Vial. Tapas de pergamino. En el lomo: "Cartas de Pereda". Estuche, 23x14 cm.

COPIAS A MANO - ESCRITOS VARIOS

Se conservan en la Sección de Fondos Modernos de la Biblioteca de Menéndez Pelayo seis tomos de *Escritos varios* de Pereda, copiados a mano por Federico de Vial. Contienen casi todos los escritos cortos del novelista, desde los primeros artículos periodísticos hasta el último fragmento de novela, *Hero y Leandro*. En muchos casos Vial pudo aprovecharse del manuscrito original para su copia, dando así un valor inestimable a su labor para los estudiosos de hoy.

CARTAS DE PEREDA PUBLICADAS EN LA PRENSA

A D. Luis Barreda, *La Atalaya*, 1 abril 1898 (sobre su *Cancionero montañés*).

"Duelos de Federico de la Vega" (Cuatro palabras a un deslenguado), carta de Pereda fechada en 24 agosto 1882 y publicada en *El Conservador* (Bogotá), 9 noviembre 1882.

"Señores redactores de *Santander-Crema*", *Santander-Crema*, 20 enero 1884.

"Pido la palabra, Sr. Director de *El Aviso*, para una alusión personal", *El Aviso*, 14 febrero 1885.

"Sr. Director de *El Aviso*", firmado "Un doceañista", *El Aviso*, 8 diciembre 1885. (Sobre la posible construcción en Santander de "un teatro monumental *con tiendas en la planta baja* —el subrayado es de Pereda.)

"Sr. Director de *El Aviso*", formado "Un doceañista", *El Aviso*, 12 diciembre 1885. (Sobre el asunto anterior. Hay cartas sobre lo mismo en los números de *El Aviso* de 19 y 26 diciembre 1885).

Carta abierta, "Sr. Director de *El Atlántico*" (sobre la crítica del P. Coloma de *La Montálvez*), *El Pensamiento Gallego*, 31 enero 1888. Se publicó primero en *El Atlántico*, 28 enero 1888, y también en *La Fe*, 4 febrero 1888.

Carta de Pereda a D. J. Casimiro del Collado, fechada el 20 noviembre de 1887, publicada en varios periódicos mexicanos y en *La Fe*, 26 enero 1888.

"Las comezones de la Sra. Pardo Bazán - Polémica literaria", *El Imparcial*, 21 febrero 1891.

"Sr. Director de *El Aviso*" (sobre el artículo de F. B. Zubeldía, en *El Aviso*, 4 marzo 1891, que había censurado indirectamente ciertos aspectos de *Nubes de estío*) *El Aviso*, 5 marzo 1891. Se publicó también en *El Atlántico*, 5 marzo 1891.

"Una carta del senyor Pereda", *La Veu de Catalunya*, 15 marzo 1891.

"Una carta de Pereda" (juicio de Pereda nobre la novela *Cumandá*, de J. León Mera), *La Vanguardia*, 15 septiembre 1892.

Carta de Pereda a D. F. de Ramón, *El Ateneo Tarraconense*, núm. 4, julio 1892. A D. P. Martí y Ferre, *El Ateneo Tarraconense*, núm. 7, octubre 1892.

Carta a Trajano Mera, *Revista Ecuatoriana*, Quito, 1892.

Al director de *El Atlántico* sobre el proyectado monumento a Cantabria. *El Atlántico*, 21 enero 1893.

"Por lo que valga", *La Fe*, 18 abril 1890. *El Atlántico*, 16 abril 1890.

Carta a F. Gutiérrez Cueto sobre el reciente galernazo y el socorro necesario, *El Atlántico*, 17 septiembre 1890 (en el mismo número, carta de F. Gutiérrez Cueto a Pereda).

Al Director de *El Correo de Cantabria* sobre el incendio en "La Rosario", la fábrica de jabón y perfumes perteneciente a la familia de Pereda. *El Correo de Cantabria*, 4 febrero 1895. *El Atlántico*, 2 febrero 1895.

Carta a Salvador Rueda, *El Globo*, 8 mayo 1886.

"Don Andrés Crespo", carta al Director de *El Atlántico*, *El Atlántico*, 4 marzo 1886

"A Pedro Sánchez", *El Atlántico*, 21 junio 1886.

Carta a D. Cayetano Vidal, sobre su novela *Rosada d'estiu*, *La Dinastía*, 25 abril 1886. También en *La España Regional*, 10 mayo 1886, pp. 325-326.

Carta a Salvador Rueda, *La Fe*, 12 abril 1887, y *El Globo*, 12 abril 1887.

Carta abierta al Director de *El Atlántico*, "Sr. D. José M.ª de Quintanilla a *Pedro Sánchez*" (se trata de una carta, escrita por Pereda, de Quintanilla a su tocayo, "Pedro Sánchez") *El Atlántico*, 20 junio 1887.

Carta al Ayuntamiento de Santander, *El Correo de Cantabria*, 12 marzo 1897, y en *El Cantábrico*, 11 marzo 1897.

"Sr. D. M. A. Caro, Bogotá", *Revista Nacional* (Bogotá) junio, 1897, pp. 124-125.

"M. le Directeur de *La Revue Mame*", *La Revue Mame*, 6 agosto 1899 (sobre la paz europea y mundial).

"Una carta de Pereda a D. Francisco Rivas Moreno", *Heraldo de Madrid*, 29 agosto 1899.

"Al director de *Las Provincias*", *Las Provincias*, 14 enero 1899 (juicio de Pereda sobre *Idealismo* de Vicente Greus, importante por lo que deja ver de la actitud de Pereda ante el romanticismo español).

Carta a "Clarín" (sobre *Un alma de Dios*, de Juan Ochoa) *Madrid Cómico*, 9 abril 1898.

Carta a D. E. Zuleta, sobre su libro *Tierra virgen*, *La Miscelánea* (Colombia) IV, núms. 10 y 11, pp. 377-380.

"Señor Director de *El Aviso*", *El Aviso*, septiembre, 1877 (fechada la carta en Polanco, 28 de agosto de 1877).

"Señor Director de *El Aviso*", *El Aviso*, septiembre de 1877 (fechada la carta en Polanco, 8 de septiembre de 1877).

A Ricardo Olarán (sobre *Don Gonzalo...*) *El Aviso*, 1 de febrero de 1879.

CUENTOS Y ARTICULOS

José María de Pereda / CUTRES / México / Imprenta de "El Correo Español", Chavarría 5, / 1908. Págs. 30. 21 cm. La forma de esta edición de Cutres es única en la bibliografía perediana. De las 30 págs. totales, 12 contienen una lista de subscriptores mexicanos al monumento a D. José María de Pereda en Santander. Alternan páginas de suscriptores y páginas de texto. (*Cutres* que publicó primero en *De Cantabria*, Santander, 1890, pp. 49-57, fechado marzo 1890).

PACHÍN GONZÁLEZ Y BIOGRAFÍA DE PEREDA. OTROS ESCRITOS.
Victoriano Suárez, Madrid, 1922, 558 págs. 17,5 cm.

Contiene: Pachín González. Biografía de Pereda. De Patricio Rigüelta, Redivivo, A Gildo, El letrado, Su hijo, En Coteruco. Agosto (Bucólica montañesa). El óbolo de un pobre. Cutres. Por lo que valga. El reo de Pxxx. La lima de los deseos (Apuntes de mi cartera). Va de cuento. Esbozo. De mis recuerdos.

ESCRITOS DE JUVENTUD. (Coleccionados en Cossío, Obras completas de Pereda, Aguilar, Madrid, 1945, 4.ª edición y ediciones subsecuentes, y también en tomo separado: *Escritos de juventud*, Aguilar, Madrid, 1942, págs. 309).

Contiene: La gramática del amor. Cosas de don Paco. La cruz de Pámames (Novela romántica, por don Cayetano Noriega). Cuadros del país. - El concejo de mi lugar. Santander, 18 de junio. Fragmentos de una carta escapada del buzón del correo. Crónica local. El chambergo. Artículos inocentes. Correspondencia privada. Cantos populares (Traducción del alemán). Los zánganos de la Prensa (Caps. I, II y III). Cruzadas. Correspondencia pública. Cantares. El Tío Cayetano (Segunda época). Preliminares. Por lo que valga. El futuro Congreso. Para la Historia. Monti y Toquetti. Bocetos. Año Nuevo. Artículo sangriento. Correspondencia. La mano y el ojo. La primera incógnita. El retablo de maese Pedro. Meditaciones. Frutos coloniales. Ecce Homo. Dos redenciones. El obelisco del Dos de Mayo. Más honra. La fruta de septiembre. La incógnita. Insisto. ¡Craccc! Heráldica. La Hacienda. Ya se van entendiendo. La Regencia. Va de cuento. Fórmulas salvadoras. Lo de Cuba. Pinto el caso. Más frutos gloriosos. A la vista estaba. Diálogo subterráneo. Albañilería. La libertad de los libres. Aliquid chupatur. Correspondencia. La tercera edición. El 22 de junio. Recortes. Al país. La llegada del correo. Dime cuál obtiene tu preferencia entre. Hero y Leandro (El último escrito, *Hero y Leandro*, se incluyó erróneamente en los *Escritos de juventud*, fechados entre 1858 y 1879).[1]

M. S. El manuscrito del fragmento intitulado *Hero y Leandro* se conserva en la Sección de Fondos Modernos de la Biblioteca de Menéndez Pelayo. Se reproduce a continuación la descripción bibliográfica contenida en el folleto correspondiente:

1 hoja + 11 folios numerados del 1 al 10, pues hay folio 2 y 2 bis. Papel 155 x 204 mm. los folios 1 a 2 bis, 170 x 220 mm. los folios 3 a 10. Los folios 3 a 10, autógrafos de don José María de Pereda; los restantes, de otra letra, son, al parecer, otros fragmentos de la novela *Hero y Leandro* que fueron publicados en la revista *Armonía*, de Gerona; el *Boletín de Comercio*, de Santander, y *Tiquis Miquis*, también de Santander. Encuadernación, piel, con hierros dorados. "Ex libris": Biblioteca de Federico Vial. Dentro del volumen hay una cartulina que dice: "Autógrafo de *Hero y Leandro*, novela inédita y última de don José María de Pereda".

---

1 Ver sobre el caso A. H. Clarke, "El *Hero y Leandro* de Pereda. Historia y crítica de un fragmento de novela con fotocopia y traslado del manuscrito y cotejos textuales de ediciones anteriores", *Boletín de la Biblioteca de Menéndez Pelayo*, XI.VI, 1970, págs. 261-324.

"Las comezones de la Señora Pardo Bazán". La famosa y malhumorada contestación de Pereda al artículo de Pardo Bazán, "Los resquemores de Pereda", se publicó primero en *El Imparcial*, 21 de febrero de 1891, y fue recogido, junto con sus artículos sobre Pereda, en el tomo VI de las *Obras completas* de Pardo Bazán, *Polémicas y estudios literarios*. "Velarde", *Boletín de Comercio*, 2 de mayo de 1880.

Oro Viejo (Colección de trabajos literarios poco leídos o completamente inéditos de los más ilustres escritores montañeses).
Publicada por "Revista Cántabra", Santander, Imp., Lit. y Enc. Vda de F. Fons, Alta, 5, 1910.

Contiene:

Prólogo, págs. 3-6.
Cuadros del país / El Concejo de mi lugar. 13 de febrero de 1859. José María de Pereda, págs. 7-14.
Aguinaldos. Adolfo Aguirre, págs. 15-24.
El chambergo. Jeremías Paredes (José M.ª de Pereda), págs. 25-29.
La Prensa Periódica I, Jeremías Paredes (José M.ª de Pereda), págs. 30-38.
La Prensa Periódica II, Jeremías Paredes (José M.ª de Pereda), págs. 39-50.
La Prensa Periódica III, Jeremías Paredes (José M.ª de Pereda), págs. 51-60.
Correspondencia pública — A Eduardo Bustillo. París, 12 de enero de 1865, "Pepe" (José M.ª de Pereda), págs. 61-75.

MISCELANEA

M. S. ADICIONES Y ENMIENDAS PROPUESTAS A LA / RL. ACADEMIA PARA LA NUEVA EDICIÓN DEL / DICCIONARIO VULGAR / (en letra de Pereda). — :

Autógrafo de Don José María de Pereda / (en letra de F. Vial). Sello de Vial. Págs. 7, con notas en la pág. 7. En la pág. siguiente, a mano de Vial: "Las palabras señaladas con una + están incluídas / en el Diccionario del año 1884. /
Las palabras señaladas con una H están incluídas en el Diccionario del año 1889."
Hojas de guarda de tela roja con bordes de marroquí dorados. En la guarda superior, ex-libris de F. Vial. 18x24 cm.

M. S. APUNTES SOBRE LITERATURA GRIEGA Y ROMANA POR DON JOSÉ MARÍA DE PEREDA.

1 hoja + 24 folios, numerados recientemente, en rojo. Papel. Autógrafo del autor. 201x148 mm. Caja de la escritura 180x130 mm., por término medio. Enc. pergamino. "Ex-libris": Biblioteca de Federico de Vial. [La mayor parte del manuscrito lo ocupan los citados apuntes sobre las literaturas griega y latina; pero hay en él también, de los folios 1 a 3, diferentes textos de varios autores (Cervantes, Tirso, Aldana...) formando una sección que tiene el epígrafe de "Flores de pensil ageno"].

(Hoja 1.ª). *Autógrafo / de / D(o)n José María de Pereda.*
(Fol. I, r.) E.: Flores de pensil ageno. / Los hombres de precio y valor sus obras han / de tener por padre y sus virtudes por natural / y tierra; y con éstos lustran...
(Fol. 24, r.) A.: ...había levantado durante / siete siglos tantos hombres eminentes, / dignos depositarios de la ilustración de / la Grecia.
Se trata de unas páginas de anotaciones juveniles. Lo de "apuntes sobre literatura griega y romana" viene a ser más bien apuntes sobre los más famosos y dignos personajes de la historia y literatura griegas y romanas.

Título abreviado: SR. D. MARCELINO MENÉNDEZ PINTADO.

DE / PATRICIO REGÜELTA (letras versales rojas) / (REDIVIVO) / A GILDO, EL LETRADO (versalitas rojas) / SU HIJO / EN COTE-RUCO / — / MADRID / IMPRENTA Y FUNDICION DE M. TELLO / Isabel la Católica, 23 / 1883.

Comienza el texto en la pág. 5: "Santander, a 25 de Febrero de 1882". y la paginación desde el título abreviado. 16 págs. 18,5 cm. En la última (16): PATRICIO RIGÜELTA. En letra de Pereda más bajo: "Por copia, / José M. de Pereda."
Encuadernación de Daniel González, Santander. En el lomo, en letras doradas: SR. D. MARCELINO MENÉNDEZ PINTADO.

Otro ejemplar en la Biblioteca de Menéndez Pelayo, sin encuadernar (tapas de cartón originales, con tapa superior idéntica a la portada principal). Título abreviado diferente: SR. D. MARCELINO MENÉNDEZ *PELAYO* (subrayo yo). Contiene también, a fin de texto: "Por copia, / José M. de Pereda", en letra de Pereda. En su forma de folleto se hizo una cortísima tirada de esta carta, destinado un ejemplar a cada una de las personas a que se alude en el texto. DE PATRICIO RIGÜELTA... apareció colecionado en el tomo XVII de las *Obras completas,* Viuda e hijos de Tello, 1906, y en ediciones subsecuentes del tomo XVII publicadas por Victoriano Suárez.

CUTRES, en *De Cantabria* (de varios autores), Santander, Imprenta y litografía de *El Atlántico,* 1890, pp. 277. Cutres, fechado en marzo de 1890, se publicó en esta forma por primera vez, pp. 49-57.

DE CÓMO SE CELEBRAN TODAVÍA / LAS BODAS EN CIERTA CO-MARCA MONTAÑESA, / ENCLAVADA EN UN REPLIEGUE / DE LO MÁS ENRISCADO DE LA CORDILLERA / CANTÁBRICA. Incluído en HOMENAJE A MENÉNDEZ PELAYO, 1899, 2 tomos, prólogo de Don Juan Valera. Victoriano Suárez, Madrid, 1899. Tomo I, 869 págs. Tomo II, 946 págs. El artículo de Pereda, tomo II, págs. 941-946.[1]

---

[1] José María de Cossío completa la colección publicada por Pereda en su "Cantares de boda", *BBMP,* X, 1928, págs. 225-231 y *BBMP,* XII, 1930, págs. 309-311. V. Sección de crítica.

Del mismo artículo se hizo un folleto separado: Extracto / del / HOMENAJE A MENÉNDEZ Y PELAYO / en el año vigésimo de su profesorado / ESTUDIOS DE ERUDICION ESPAÑOLA / — / MADRID: 1899 / Librería General de Victoriano Suárez (en la tapa superior, de papel gris). Pág. I: J. M. de Pereda / De cómo se celebran todavía / las bodas en cierta comarca montañesa, / enclavada en un repliegue / de lo más enriscado de la cordillera / cantábrica. 6 págs. En su forma de folleto (separata del *HOMENAJE* original). El artículo de Pereda fue mandado por Valera a los demás colaboradores. En 1906 fue recogido en el tomo XVII de las *Obras completas* de Pereda, Viuda e Hijos de Tello, y posteriormente en la edición de Suárez.

APARTADO B - IX

ESTUDIOS Y ARTICULOS CRITICOS

SOBRE PEREDA Y SU OBRA

(Van incluídos en esta sección libros y artículos biográficos.
Las reseñas aparecidas en la publicación de las novelas y
escritos separados figuran al fin de esta sección)

AGUILERA Y SANTIAGO, Ignacio.—V. Laverde Ruiz, Gumersindo.

AICARDO, José María, S. J.—"Pereda, literato", *Razón y Fe*, XV (1906),
XVI (1906) y XVII (1907). (Trata su técnica descriptiva, su escuela
novelística, el tema de corte y aldea y algunas de las novelas por separado.)

ALAS, Leopoldo ("Clarín").—*Solos*, Madrid, 1881. 4.ª ed., con prólogo de
D. José Echegaray, Madrid, 1891. Artículos sobre *El buey suelto* (pp.
241-255), *De tal palo, tal astilla* (pp. 337-345) (publicado primero en
Los Lunes de *El Imparcial*, Madrid, 19 de abril de 1880), y *Don Gonzalo González de la Gonzalera* (pp. 354-360), de *La Unión*, 28 de marzo
de 1879.
Sermón perdido (crítica y sátira), Madrid, 1885. Sobre *Pedro Sánchez*
(pp. 75-86).
Nueva campaña (1885-1886), Madrid, 1887. Sobre *Sotileza* (pp. 135-139).
Mezclilla (crítica y sátira), Madrid, 1889. Sobre *La Montálvez* (pp. 115-
143). "El teatro y la novela", (pp. 341-347).
Ensayos y revistas (1888-1892), Madrid, 1892. Sobre *Nubes de estío*
(pp. 81-102).

ALCALÁ-GALIANO, Antonio.—"El paisaje en los libros", en *Conferencias y
ensayos*, Madrid, Imprenta Helénica, 1919, pp. 209-266. (Estudio general, desde la Biblia hasta la novela española del XIX.)

ALONSO CORTÉS, Narciso.—"De *La Montálvez*", *Boletín de la Biblioteca de
Menéndez Pelayo*, 1933, XV, pp. 51-58.

AMPUERO, José Joaquín de.—"Don José María de Pereda en la Real Academia Española", *El Correo Español*, 22 febrero 1897.

ARAUJO, F.—"La novela de costumbres provincianas en España", *La España Moderna*, CLXXX, 1903, pp. 167-172.

ARAUJO COSTA, Luis.—"El señor de la torre de Provedaño", *Boletín de la Biblioteca de Menéndez Pelayo*, 1933, XV, pp. 46-50. (Sobre el retrato novelesco de D. Ángel de los Ríos y Ríos en *Peñas arriba*.)

ARMAS AYALA, Alfonso: "Pereda y Galdós a través de sus cartas", (se publicará en *Actas del I Congreso Galdosiano*).

ARTIGAS FERRANDO, Miguel.—"De la correspondencia entre Pereda y Menéndez Pelayo (las primeras cartas)", *Boletín de la Biblioteca de Menéndez Pelayo*, 1933, XV, pp. 83-107.

"Pereda y Menéndez Pelayo", *Boletín de la Biblioteca de Menéndez Pelayo*, 1933, XV, pp. 318-336.

"Un episodio desconocido en la juventud de Menéndez Pelayo", *Boletín de la Biblioteca de Menéndez Pelayo*, X, 1928, pp. 289-337. (Este artículo incluye toda la documentación sobre la polémica en torno a las ideas de Krause que se suscitó después de publicarse la reseña de Gavica sobre *Tipos trashumantes*.)

ARTIGAS FERRANDO, Miguel, y SÁINZ RODRÍGUEZ, Pedro.—*Epistolario de Valera y Menéndez Pelayo*, 1877-1885, Madrid, Compañía Ibero-Americana de Publicaciones, 1930, pp. 253.

Epistolario de Valera y Menéndez Pelayo, 1877-1905, Madrid, 1946, pp. 620.

AUB, Max.—*Discurso de la novela contemporánea*. Fascículo 50 de Jornadas, Colegio de México, 1945, pp. 108. (Breves observaciones sobre Pereda, pp. 29-31.)

AZORÍN (Martínez Ruiz, José).—Sobre Pereda, *ABC*, 11 de julio 1924. *Escritores*, Madrid, 1956, pp. 227-232.

"Casa de conversación", *ABC*, 11 de julio 1924. "Polanco: en casa de Pereda", *ABC*, 10 y 11 de agosto, 1905. También en *Los clásicos futuros. Los cláicos redivvos*, Colección Austral, Espasa-Calpe, 1945. También en *Obras completas*, Aguilar, tomo V, p. 204, y *Andando y pensando*, Madrid, 1929. "Pereda", *Arriba*, 1 agosto 1943 y *Escritores*, Madrid, 1956, pp. 261-264.

"Algo sobre Pereda", *ABC*, 18 de septiembre de 1924, y *Escritores*, Madrid, 1956, pp. 233-238.

"Algo más sobre Pereda", *ABC*, 26 de septiembre 1924 y *Escritores*, Madrid, 1956, pp. 239-244.

"El centenario de Pereda" y "Los comienzos de Pereda", en *Obras completas*, Aguilar, tomo IX, pp. 1345-1352.

Chariviri, *Obras completas*, Aguilar, tomo I, p. 277 y pp. 280-281.

El paisaje de España visto por los españoles, *Obras completas*, Aguilar, 1947, tomo III, pp. 1117-1245. (Lo verdaderamente sorprendente de este panorama del paisajismo literario es que Azorín haya excluído totalmente a Pereda. El libro no puede descontarse en una bibliografía perediana, sin embargo, siendo mutuo el fondo paisajístico.)

BALBÍN UNQUERA, Antonio.—"Estudio crítico y literario - Trueba y Pereda", *La Ilustración Cantábrica,* 28 febrero 1882.
"Novelas y novelistas históricos en España", *Revista Contemporánea,* octubre de 1905.

BALSEIRO, José Agustín.—*Novelistas españoles modernos,* Macmillan, New York, 1933, pp. XXI+476.

BAQUERO GOYANES, Mariano.—*El cuento español en el siglo XIX,* Revista de Filología Española, Madrid, 1949, pp. 699.
"La novela española en la segunda mitad del siglo XIX", en *Historia general de las literaturas hispánicas,* Barna, Barcelona, 1948, tomo V.

BARCÍA CABALLERO, Juan.—"Pereda y sus obras", *Revista de la Juventud Católica de Santiago,* 1886, año I, núms. I, pp. 25-26, II, pp. 37-44 y III, pp. 83-88.

BARJA, César.—*Libros y autores modernos,* Los Angeles, 1933, pp. 204-220.

BAROJA Y NESSI, Pío.—*Memorias, Obras completas,* tomo VII, Madrid, Biblioteca Nueva, 1949, pp. 445 y 832.

BASSET, Ralph Emerson.—*Pedro Sánchez,* edición escolar, con notas, introducción, vocabulario y retrato de Pereda. Boston, Ginn & Co., 1907, pp. LXXXVIII+379. Hay nueva edición, Boston. New York. Ginn & Co., 1917, pp. LXXXIX+379, con bibliografía ampliada, p. LXXI.

BAZIN, Réné.—"Terre d'Espagne. Santander, Burgos, Valladolid, Salamanque", *Revue des Deux Mondes,* marzo 1895, CXXVIII, pp. 96-122. (Se trata de un retrato de Pereda en su hogar polanquino, con algunas observaciones de Pereda, vertidas al francés, sobre su proyectado "roman de la haute montagne".)
"Dans la Montagne", traducción al francés de *Peñas arriba,* con introducción de Réné Bazin, París, Librairie Delagrave, 1918 (V. Traducciones).
"Tierra de España", *El Atlántico,* 11 de febrero, 5 y 6 de marzo de 1895.

BELL, Aubrey F. G.—*Castilian Literature,* Oxford, 1938, pássim. *Literatura castellana,* Editorial Juventud, Barcelona, 1947 (versión española del anterior).
Contemporary Spanish Literature, London, 1927, pp. 39-44.
"The Spanish Attitude towards Nature", *Bulletin of Spanish Studies,* XXIV, 1947, pp. 74-78.
V. también traducciones.

BELTRÁN DE HEREDIA CASTAÑO, Pablo: "Algunos documentos inéditos de la amistad íntima entre Pereda y Menéndez Pelayo", *Boletín de la Biblioteca de Menéndez Pelayo*, XV, 1933, pp. 405-418.

BISHOP, William Henry.—Extractos traducidos de *Sotileza, La leva, Los hombres de pro y Don Gonzalo González de la Gonzalera*, con introducción en "Library of the World's Best Literatura", XXIX, Peále & Hill, New York, 1897; Brook, Glasgow & Toronto, 1917.

BLANCO GARCÍA, Francisco.—*La literatura española en el siglo XIX*, 3 tomos. Sobre Pereda, tomo II, 2.ª ed., Madrid, 1891.
"La novela contemporánea - Pereda", *El Correo Español*, 27 y 28 de febrero de 1892 (extracto de su *La literatura española en el siglo XIX*).

BLECUA TEIJEIRO, José Manuel.—Ocho cartas de Pereda e índice de la correspondencia de Pereda en la Biblioteca Central de Barcelona, en *Filología y Crítica Hispánica*. Homenaje al Prof. F. Sánchez-Escribano, ed. A. Porqueras Mayo y C. Rojas, Alcalá-Emory University, 1968, pp. 309-318.

BONET. Laureano.—José María de Pereda: *La leva y otros cuentos*. Prólogo y notas de Laureano Bonet, Libro de Bolsillo, Alianza Editorial, Madrid, 1970, pp. 241.
De Galdós a Robbe-Grillet, Taurus, Madrid, 1972, pp. 121. Ver sobre todo pp. 94-110.

BRADLEY, H. A.: *Pereda y Galdós. Una comparación de sus ideas sociales, religiosas y políticas*. Universidad de Southern California, 1966. Tesis inédita (Consultado el microfilm en la Sección de Fondos Modernos de la Biblioteca de Menéndez Pelayo, Santander).

BROWN, Reginal R.: *La novela española*. 1700-1850. (Bibliografías de Archivos y Bibliotecas). Dirección General de Archivos y Bibliotecas, Servicio de Publicaciones del Ministerio de Educación Nacional, Madrid, 1953. pp. 221. Contiene: Introducción. Índice cronológico de novelas. 1700-1850. Índice alfabético de autores. Índice alfabético de novelas anónimas y de colecciones de novelas. Apéndice. (Utilísimo como instrumento de orientación bibliográfica para el sgilo y medio anterior a Pereda, todavía insuficientemente documentado en lo que refiere a la novela).

BUENO, Manuel: *En el centenario de Pereda*, ABC, 19 de marzo de 1933.

CALLE ITURRINO, Esteban: "Literatura española del mar". Conferencia pronunciada en el Círculo Cultural de San Sebastián y publicada por la Junta de Cultura de Vizcaya, 1949, 30 págs.

CAMP, Jean: *José María de Pereda. Sa vie, son oeuvre et son temps* (1833-1906). París, Fernand Sorlot, 1937, pp. 416. Contiene: Esbozo biográfico. Estudios de las obras por separado, en orden cronológico. Capítulos sobre: La sociedad española de los tiempos de Pereda. Regionalismo. Realismo. Psicología de los personajes. El sentimiento de la naturaleza. Técnica novelesca. Pereda y la crítica. Importancia, aportación e influencia de Pereda. Importante bibliografía incompleta en orden cronológico (1858-1896) de los escritos menores, siguiendo la recopilación de Federico de Vial (seis tomos, de propiedad de la Sección de Fondos Modernos de la Biblioteca de Menéndez Pelayo).

Blasones y talegas, edición con introducción y notas de Jean Camp (Thèse complementaire de l'Université de París, 1937). Toulouse, E. Privat; París, H. Didier, 1937, pp. XXXII+101. En la introducción (p. VIII) Camp estudia el parecido entre *Blasones y talegas* y la novela de Jules Sandeau, *Sacs et parchemins* (1851).

CANE, Miguel: *Recuerdos literarios,* Madrid, 1915, p. 352 (Sobre las afinidades clásicas de *Sotileza*).

CANSINOS ASSENS, Rafael: *Literatura del norte: La obra de Concha Espina,* Madrid, G. Hernández, 1924, 275 págs. También en Colección Crisol, Aguilar. (Tiene alguna breve alusión a Pereda).

CARRACEDO, Daniel: *Pereda. Un autor en un libro,* Compañía Bibliográfica Española, S. A., Madrid, 1964 pp. 193. (Cronología. Biografía. Las obras en orden cronológico. Resumen de estudios anteriores).

CEJADOR Y FRAUCA, Julio: *Historia de la literatura castellana,* Madrid, 1915, tomo VIII, pp. 310-321.

CENTENARIO DE PEREDA: V. Santiago Camporredondo, P.; Bueno, Manuel; Serna, Víctor de la; *Le Temps,* 15 de febrero 1933; Homenaje a Pereda; Azorín; Outzen, Gerda; Maeztu, Ramiro de; Rivas Cherif, C.; *Tradición,* Santander, 1933, núms. 3 y 19.

CESARIO, G. A.—*Rassegna delle Letterature Straniere* (Spagnuola), di G. A. Cesárco, Estratto dalla Nuova Antología, volume XV, fascícolo IX, Roma, 1888, pp. 3-11.

CHARRO HIDALGO Y DÍAZ, Augusto.—*Don José María de Pereda - estudio crítico,* Madrid, Hernández, 1884, 23 págs.

"Pereda", *Revista contemporánea,* L, 15 abril 1884, pp. 333-351. (Se trata del mismo estudio.)

"CLARÍN".—Ver ALAS, Leopoldo.

CLARKE, Anthony Hedley.—*Pereda, paisajista* (El sentimiento de la naturaleza en la novela española del siglo XIX). Prólogo de D. Ignacio Aguilera y Santiago, Diputación Provincial de Santander, 1969, 249 págs. (Brevemente contiene: Pereda y el siglo de oro; Paisajismo de Enrique Gil, Fernán Caballero y Amós de Escalante; El desarrollo de la novela idilio; Corte y aldea; La novela como tesis; Componentes de la naturaleza; La naturaleza como paisaje; La naturaleza como protagonista; La naturaleza como imagen; Pereda junto con Dickens, Hardy y Turgenev; Apéndice; Bibliografía.)

CLARKE, Anthony Hedley.—"El *Hero y Leandro* de Pereda. Historia y crítica de un fragmento de novela con fotocopia y traslado del manuscrito y cotejos textuales de ediciones anteriores", *Boletín de la Biblioteca de Menéndez Pelayo,* XLVI, 1970, pp. 261-324.

"Naturaleza sin paisaje: un aspecto desatendido del arte descriptivo en las primeras novelas de Concha Espina", *Boletín de la Biblioteca de Menéndez Pelayo*, XLV, 1969, pp. 35-46. (Contiene referencias comparativas a Pereda.)

CLARKE, Henry Butler.—*Spanish Literature. An Elementary Handbook*, London, Swan Sonnenschein & Co., 1893, pp. 253-254.

COLONGUES CABRERO, Justo.—*"Un pintor montañés. D. José María de Pereda"*, *Tradición*, Santander, 1933, núm. 19.

CÓRDOBA Y OÑA, Sixto de.—"La vida en Cumbrales", *Boletín de la Biblioteca de Menéndez Pelayo*, XV, 1933, pp. 132-143.

CORREA CALDERÓN, Evaristo.—*Costumbristas españoles*, Antología con estudio preliminar, 2 tomos, Aguilar, Obras eternas, Madrid, 1950-51. Pereda, Estudio preliminar, I, pp. XXXVII - XXXVIII; textos, II, pp. 607 - 695.

CORREA RUIZ, Lorenzo.—"Los Pereda originarios de Rumoroso, en el Real valle de Piélagos", *Altamira*, Revista del Centro de Estudios Montañeses. Santander, núms. 1, 2 y 3, 1957, pp. 255-272.

COSSÍO, Francisco de.—"Universalidad y regionalismo en la obra de Pereda", *Boletín de la Biblioteca de Menéndez Pelayo*, XV, 1933, pp. 391-404.

COSSÍO, José María de.—"Cantares de boda", recogidos en Tudanca. Completa la colección publicada por José María Pereda en "De cómo se celebran todavía las bodas en cierta comarca montañesa" (V. Obras de Pereda. Miscelánea), *Boletín de la Biblioteca de Menéndez Pelayo*, X, 1928, pp. 255-231; ídem., XII, 1930, pp. 309-311.

"De tal palo, tal astilla - Origen y polémica de la novela de Pereda", Madrid, *Cruz y Raya*, núm. 12, 1934.

"La historicidad de *Peñas arriba*", *Boletín de la Biblioteca de Menéndez Pelayo*, XV, 1933, pp. 108-121.

La obra literaria de Pereda. - Su historia y su crítica. Santander, Sociedad de Menéndez Pelayo, 1934, 408 págs. (Libro clave en la bibliografía crítica perediana. Contiene: Bibliografía; Capítulo aparte sobre cada una de las novelas; Labor periodística; Actividad teatral; Escenas y tipos; Últimos escritos; Epílogo.—Discurso de recepción en la R. A. E.; Consideración detenida de la geografía perediana.)

Estudio preliminar, en José María de Pereda, *Obras completas*, Aguilar, Obras eternas, 2 tomos, Madrid, 1959. El *estudio preliminar* viene en el tomo I, pp. 11-44. Se publicó primero en 1934, en un solo tomo.

José María de Pereda... Selección y estudio, Antología de escritores y artistas montañeses (dirige la serie Ignacio Aguilera), Santander, 1957, 208 págs. (Contiene *estudio preliminar* y 19 cartas de Pereda, en su mayoría inéditas.)

Menéndez Pelayo en el Santander de su tiempo, Publicaciones de la Universidad Internacional Menéndez Pelayo, Santander, 1956, 35 págs.

Jean CAMP

DOCTEUR ÈS LETTRES
AGRÉGÉ DE L'UNIVERSITÉ
PROFESSEUR AU LYCÉE HENRI IV

José María de Pereda

Sa Vie, son Œuvre et son Temps

(1833-1906)

PARIS
FERNAND SORLOT
7, RUE SERVANDONI, 7

1937

PUBLICACIONES DE LA SOCIEDAD DE MENÉNDEZ Y PELAYO

JOSÉ M.ª DE COSSÍO

LA OBRA LITERARIA DE PEREDA
SU HISTORIA Y SU CRÍTICA

IMP. J. MARTÍNEZ
SANTANDER 1934

(Contiene unas páginas sobre las relaciones de Menéndez Pelayo con Escalante, Pereda y Galdós.)

"La obra literaria de Pereda", Conferencia pronunciada por el Excmo. Sr. D. José María de Cossío y Martínez Fortún, de la Real Academia Española, en la velada literaria que organizó en Torrelavega la revista *Dobra*, el día 6 de noviembre de 1953, Biblioteca José María de Pereda, Torrelavega, 1954, 36 págs.

Rutas literarias de la Montaña. Diputación Provincial de Santander, 1960, 527 págs. (Topografía rememorativa de la literatura montañesa. Abundancia de datos utilísimos. Sin índice. Sobre Pereda: pp. 51-52, 64-66, 68-70, 82-83, 103-104, 107, 109, 111, 117-118, 177, 184-185, 245, 253-257, 279-280, 287-289, 293-294, 316, 324-325, 342-343.)

José María de Pereda, *Pedro Sánchez*, prólogo y notas de José María de Cossío, Clásicos castellanos, 144-145, Espasa-Calpe, Madrid, 1958. El prólogo tiene *Nota biográfica* y estudio sobre *Pedro Sánchez*.

D. Amós de Escalante, Madrid, Tipografía de Archivos, Olazaga 1, 1933, 44 págs. (Contiene: Biografía y carácter; Libros de viajes; Costas y montañas; El novelista; El poeta. Referencias passim a Pereda.)

Estudios sobre escritores montañeses, Diputación Provincial de Santander, 1973, 3 tomos. Contienen todos los estudios y escritos de Cossío sobre Pereda; *Rutas literarias de la Montaña* (1960), tomo I; ""Cantares de boda" (Completa la colección iniciada por Pereda. *BBMP*, 1928, pp. 225-231 y 1930, pp. 309-311) tomo II; "Apunte biográfico y Revisión crítica" (publicados como Introducción a las *Obras completas* en la edición de Aguilar) tomo III; *La obra literaria de Pereda. Su historia y su crítica* (1934), tomo III; "La obra literaria de Pereda" (Conferencia pronunciada en Torrelavega el 6 de noviembre de 1953 y publicada como folleto en 1954), tomo III; *José María de Pereda.*

Selección y estudios (1957), tomo III. Incluye todo el comentario de Cossío sobre Pereda en sus cartas y excluye las propias cartas; "Vocación del campo: Julio Dinís, Eça de Quieroz y Pereda" (Conferencia pronunciada en Radio Nacional de Lisboa y publicada en *La Revista de Santander*, 1930, tomo II, pp. 201-207), tomo III.

CUBRÍA SAINZ, Francisco.—"El mundo de Pereda", Conferencia leída el 5 de junio de 1933, incluída en *Primer centenario del nacimiento de D. José María de Pereda*, Santander, 1933. (V. Santiago Camporredondo, Pedro.)

CUBRÍA SAINZ, Francisco.—Fantasía y realismo de Pereda, Santander, 1935.

CUEVAS, Domingo.—*Antaño*, Madrid, 1903, pp. XXIV + 366 y la 1.ª edición, muy corta. *Recuerdos de antaño*, Madrid, 1893, pp. 158. La 2.ª ed., tiene prólogo de Pereda. Contiene anécdotas sobre el joven Pereda en "Cómo conocí a Pereda", pp. 295-303.

CUEVAS FERNÁNDEZ, José.—*D. José María de Pereda o el poema de la mar*, *Revista General de Marina*, noviembre de 1955, pp. 457-459.

CHEW, I. M.—*El retrato de la vida femenina en las novelas de "Fernán Caballero", Alarcón, Pereda y Valera*. Pennsylvania State University,

1958. Tesis inédita. (Consultado el microfilm en la Sección de Fondos Modernos de la Biblioteca de Menéndez Pelayo, Santander).

DARÍO, Rubén.—*España contemporánea*, París, Garnier, 1901, 394 págs., con nueva edición de 1921. (V. sobre todo "Novelas y novelistas", pp. 217-231, y también p. 215, en esta edición.)

DAVIS, Gifford.—"The Critical Reception of Naturalism in Spain before *La cuestión palpitante*", *Hispanic Review*, XXII, 1954, pp. 97-108. "The *coletilla* to Pardo Bazán's *Cuestión palpitante*", *Hispanic Review*, XXIV, 1956, pp. 50-63.

DE COSTER, Cyrus C.—*Correspondencia de Don Juan Valera*, Editorial Castalia, Madrid, 1956; 318 págs.; sobre Pereda, pp. 242 y 284.

DEL RÍO, Ángel.—*Historia de la literatura española*, The Dryden Press, New York, 1948, tomo II.

DEMIDOWICZ, John P.—"El conde de las Navas y los contertulios de don Juan Valera", *Revista de Literatura*, Madrid, núms. 21-22, 1957, pp. 154-163. (Entre los aludidos "contertulios" figuran Pereda, Salvador Rueda y M. Menéndez Pelayo. En el art. se comentan algunas cartas de éstos al conde de las Navas.)

DENDLE, Brian J.—*The Spanish Novel of Religious Thesis, 1876-1936*, Editorial Castalia, Madrid, Princeton University, 1968, pp. 169. Refs. a Pereda passim.

DEVLIN, John.—*Spanish Anticlericalism, a study in modern alienation*, Las Americas Publishing Co., 1966 (Refs, a Pereda, p. 215 y p. 218).

DIARIO MONTAÑÉS, EL.—*El Diario Montañés*, número extraordinario, Santander, 1 de mayo de 1906, año V, todo él dedicado a Pereda, con el título: "Apuntes para una biografía de Pereda". Colaboradores: Enrique Menéndez Pelayo, José María Quintanilla ("Pedro Sánchez"), Eduardo de Huidobro, Afonso Ortiz de la Torre, Ramón de Solano y Evaristo Rodríguez de Bedia. Los *Apuntes*... contienen a más de la parte biográfica, notas sobre la obra de Pereda, su crítica, traducciones de las novelas, iconografía; la religión de Pereda, su patriarcalismo, la geografía de sus novelas, los últimos escritos, lo inédito, etc. Resumen detallado del contenido: Fe de bautismo; Familia de P.; Niñez y adolescencia; Comienzos literarios; Desde las *Escenas* hasta 1874; 2.ª época de P.; Últimos 20 años; Datos para la autobiografía de P.; Bibliografía; *Ensayos dramáticos*; Extravagantes de P.; ¿Ha dejado P. algo inéditos?; Traducciones de sus obras; Autógrafos; Físico; Carácter; Gustos y costumbres; Religión y virtudes; Cultura; P., político; P., patrono; P. hombre de negocios; Cómo escribía P.; La geografía perediana; Los modelos de P.; Retratista de P.; Intérpretes de P.; Los "talleres" de P.; Las tertulias de P.; Críticos de P. Se publicó la misma materia en el tomo XVII de las *Obras completas* de Pereda, Victoriano Suárez, Madrid, 1922, con *Pachín González*.

DÍAZ PLAJA, Guillermo.—*Historia general de las literaturas hispánicas*, con una introducción de D. Ramón Menéndez Pidal, Editorial Barna, Barcelona, 1958, tomo V, "Post-romanticismo y modernismo", "La novela española en la segunda mitad del siglo XIX", por Mariano Baquero Goyanes. Sobre Pereda, pp. 89-94.

DIEZ-ECHARRI, E. y ROCA FRANQUESA, J. M.—*Historia de la literatura española e hispanoamericana*, Aguilar, Madrid, 1960, pp. 1085-1091. 2.ª edición (1966).

DONOSO, G. F.—"*Peñas arriba*, de D. José María de Pereda - ensayo crítico". *Revista Católica*, Chile, 1916, XXIX, pp. 772-777.

EDDY, Nelson W.—"Pardo Bazán, Menéndez Pelayo and Pereda Criticism", *Romanic Review*, XXXVII, 1946, pp. 336-345.

EGUÍA RUIZ, C.—Prólogo a José María Martínez y Ramón, *Análisis de "Peñas arriba"*, Torrelavega, 1908.

"Un novelista original: Pereda", en *Literaturas y literatos, Estudios contemporáneos*, 1.ª serie, Madrid, pp. 460.

ENTRAMBASAGUAS Y PEÑA, Joaquín.—*Las mejores novelas contemporáneas*, tomo I, Editorial Planeta, Barcelona, 1957. Novelas del período 1895-1899. Contiene *Peñas arriba*, "José María de Pereda", pp. 3-48, e importante bibliografía, pp. 49-54. Hay 2.ª edición de 1962, con bibliografía ampliada.

EOFF, Sherman Hinkle.—"*Pereda's Realism; his Style*", *Studies in Honour of Frederick W. Shipley by his Colleagues*, Washington University Studies - New Series; Language and Literature, núm. 14, St. Louis, 1942, pp. 131-157.

"A Phase of Pereda's Writings in Imitation of Balzac", *Modern Language Notes*, Baltimore, LIX, 1944, pp. 460-466. (La fase aludida está estudiada en *La fisiología del baile* (1863), *Las bellas teorías* (1863), *La mujer del ciego* (1870) y *El buey suelto* (1877), con nuevos datos sobre el influjo de la *physiologie* balzaciana en la obra de Pereda).

"Pereda's Conception of Realism as Related to his Epoch", *Hispania*, XIV, 1946, pp. 281-303.

The Modern Spanish Novel, London, Peter Owen, 1961, VIII+280 págs. El cap. intitulado: "A Fatherly World According to Design: Charles Dickens, José María de Pereda". (Trata de "la repercusión filosófica de la ciencia sobre la novela". Se estudian juntamente *David Copperfield* y *Sotileza* desde este punto de vista).

Traducción española: *El pensamiento moderno y la novela española*, Ensayos de literatura comparada, Editorial Seix Barral, Barcelona, 1965, 273 págs. Sobre Pereda y Dickens, pp. 29-57; sobre Pereda y *Sotileza*, pp. 45-57.

ESCALANTE, Amós de.—"Más reminiscencias", *Boletín de Comercio*, Santander, 7 de abril, 1881.

La Montañesa, separata de *Las mujeres españolas*, Madrid, 1873. Cuadernos 51 y 92, páginas 329-361. (En *La Montañesa*, página 341, se ve impugnado por primera vez el término "Teniers cántabro", utilizado frecuentemente con referencia a Pereda desde la publicación de las *Escenas*).

ESCALANTE, Luis de.—"El manifiesto electoral de Patricio Rigüelta", *Boletín de la Biblioteca de Menéndez Pelayo*, XXVIII, 1952, pp. 99-105.

ESCALANTE Y HUIDOBRO, Pedro de.—"Santander y su paisaje en la literatura montañesa", *Altamira*, 1962, núms. 1, 2 y 3, pp. 196-222. (Se refiere más bien a los poetas que a los novelistas. V. sobre Pereda, páginas 206-208).

ESPINA Y TAGLE, Concha.—"Todo un nombre", *Boletín de la Biblioteca de Menéndez Pelayo*, XV, 1933, pp. 59-62. (Sobre el paisaje y la geografía de las novelas).

ESTRELLA GUTIÉRREZ, Fermín.—*Peñas arriba*. Selección, prólogo y notas de ..., Editorial Kapelusz, Biblioteca de grandes obras de la literatura universal, Buenos Aires, 1960.

FAUS SEVILLA, Pilar.—*Epistolario de Pereda y Galdós*, en su tesis doctoral, *La historia contemporánea en Pérez Galdós*, tomo II, pp. 2-30.

FERNÁNDEZ-CORDERO Y AZORÍN, Concepción.—"Cartas de Pereda a José María y Sinforoso Quintanilla", *Boletín de la Biblioteca de Menéndez Pelayo*, XLIV, 1968, pp. 169-335.

"En el primer centenario de *La Gloriosa*. La revolución de setiembre de 1868 vista por Pereda", *Boletín de la Biblioteca de Menéndez Pelayo*, XLIV, 1968, pp. 355-414.

"La sociedad española del siglo XIX a través de la obra literaria de Pereda", *Saitabi*, Revista de la Facultad de Filosofía y Letras de la Universidad de Valencia, XVIII, 1968, pp. 107-127.

"El regionalismo de Pereda en el género epistolar", *Boletín de la Biblioteca de Menéndez Pelayo*, XLV, 1969, pp. 205-237.

La sociedad española del siglo XIX en la obra literaria de D. José María de Pereda, Instituto de Literatura José María de Pereda de la Institución Cultural de Cantabria, Diputación Provincial de Santander, Santander, 1970, 363 págs. (Se divide en las secciones siguientes, con numerosos apartados en cada sección: a) El ambiente. b) El Autor. c) La Obra. Lo más importante y original viene en c), donde se estudia la relación que guardan entre sí los escritos y el fondo social decimonónico.)

La sociedad española del siglo XIX en la obra literaria de D. José María de Pereda, Tesis doctoral, Facultad de Filosofía y Letras de la Universidad de Valencia, 1969.

FERNÁNDEZ LUJÁN, Juan.—*La Pardo Bazán, Valera y Pereda - Estudios críticos*, Barcelona, Tasso, 1889. (Sobre *Sotileza*. Clasifica a Pereda como "naturalista" en sus descripciones de paisajes.)

FERNÁNDEZ MONTESINOS, José.—*Pedro Antonio de Alarcón*, Biblioteca del hispanista, III, Zaragoza, 1955, pp. 182. Refs. a Pereda passim.

Introducción a una historia de la novela en España en el siglo XIX - Seguida del esbozo de una bibliografía española de traducciones de novelas (1800-1850), Editorial Castalia (Biblioteca de erudición y crítica, I), Valencia, 1955, pp. XVII+345. 2.ª edición, Castalia, Madrid, 1966, pp. XX + 294.

Valera o la ficción libre. Ensayo de interpretación de una anomalía literaria, Biblioteca Románica Hispánica, Editorial Gredos, Madrid, 1957, pp. 236. Refs. a Pereda passim.

Costumbrismo y novela. Ensayo sobre el redescubrimiento de la realidad española, Editorial Castalia. Serie La lupa y el escalpelo, I, Madrid, 1960, pp. 144. 2.ª edición, Castalia, Madrid, 1965, pp. 144. Refs. a Pereda passim.

Pereda o la novela idilio, El Colegio de México, México, 1961, pp. 309. (Capítulos sin título, pero se tratan, en orden más o menos cronológico: Pereda y el costumbrismo; las escenas; las primeras tentativas novelescas y las novelas mayores con cap. aparte para cada una; últimos proyectos novelescos; el paisajismo y el sentimiento de la naturaleza; algunas notas de carácter; Pereda y la posterioridad. Sin índice.)

Peredo o la novela idilio, 2.ª edición, Editorial Castalia, Madrid, 1969. pp. 309. (Tiene esta nueva edición índice general e índice onomástico, una carta-prólogo a D. Ignacio Aguilera. Apéndice de una carta de Pereda a D. Gumersindo Laverde y Addenda sobre las *Cartas de Pereda a José M.ª y Sinforoso Quintanilla* publicadas en el *Boletín de la Biblioteca de Menéndez Pelayo.* (Ver Fernández-Cordero y Azorín, Concepción.)

Elia (de Fernán Caballero), edición con Prólogo y Cuadro cronológico de J. Fernández Montesinos, Libro de Bolsillo, Alianza editorial, Madrid, 1968, 226 págs. (El prólogo contiene alguna referencia a Pereda).

FITZMAURICE-KELLY, James.—*History of Spanish Literature,* Heinemann, London, 1908, pp. 389-390.

Chapters on Spanish Literature, Constable, London, 1908, pp. 236-243.

New History of Spanish Literature, Humphrey Milford, Oxford University Press, 1926, pp. 471-472.

Historia de la literatura española, Suárez, Madrid, 1914, pp. 428-430. 4.ª ed. corregida, Ruiz Hermanos, Madrid, 1926, pp. 347-348.

FRIA LAGONI, Mauro.—*Concha Espina y sus críticos,* Figarola Maurin, Toulouse, 1929, 416 págs. Refs. a Pereda, pp. 15-51, passim.

GARCIA LOMAS, Adriano. *El lenguaje popular de las montañas de Santander,* Santander, 1949, LXXXIX+339 págs.

El lenguaje popular de la Cantabria montañesa (Fonética, recopilación de voces, juegos, industrias populares, refranes y modismos), 2.ª ed., Santander, 1966, 358 págs.

Los pasiegos. Estudio crítico, etnográfico y pintoresco (Años 1011 a 1960), Santander, 1960, 378 págs.

Estudio del dialecto popular montañés (Fonética, etimología y glosario de voces - Apuntes para un libro), prólogo de D. Mateo Escagedo y Salmón, San Sebastián, Nueva Editorial, S. A., 1922, 370 págs.

Mitología y supersticiones de la Cantabria montañesa (compilaciones desde su origen hasta la época contemporánea), 2.ª ed., Santander, 1967, 422 págs.

GARCIA LOMAS, Adriano y CANCIO, Jesús.—*Del Solar y de la Raza* (Tradiciones y leyendas de la Montaña) 2 tomos, Pasajes, M. Bermejillo V y Hna., 1928, 140 y 184 págs.

GILES, Mary E.—"Descriptive Conventions in Pereda, Pardo Bazán and Palacio Valdés", *Hispania*, L, 1967, pp. 285-291.

GÓMEZ DE BAQUERO, Eduardo (Andrenio).—"Del paisaje en la novela", *Cultura española*, II, 1906, pp. 379-388.
Sobre Pereda, en *Mezclilla*, Madrid, 1889, pp. 115-143.
"Pereda y Pérez Galdós en la Academia Española", *España Moderna*, marzo 1897, pp. 163-175.
"Crónica literaria - D. José María de Pereda", *España Moderna*, abril 1906, pp. 162-172.
El renacimiento de la novela en el siglo XIX, Madrid, Editorial Mundo Latino, 1924.

GONZÁLEZ BLANCO, Andrés.—*Historia de la novela en España desde el Romanticismo hasta nuestros días*, Sáenz de Jubera, Hnos., Madrid, 1909, 1.020 págs. V. pp. 267-319.

GONZÁLEZ DE AMEZÚA, Agustín.—"Pereda. Tradicionalista literario." *Tradición*, Santander, 1933, núm. 3.

GONZÁLEZ PALENCIA, Ángel.—"Cartas de Pereda a D. Mariano Catalina", *Boletín de la Biblioteca de Menéndez Pelayo*, XXVI, 1950, pp. 5-24.
"Excelentísimo señor D. José María de Pereda", *La Ilustración Española y Americana*, 8 marzo 1906.

GRAMBERG, Eduard J.—"Tres tipos de ambientación en la novela del siglo XIX", *Revista Hispánica Moderna*, Nueva York, XXVIII, 1962, pp. 315-326. (Los autores estudiados son: Pereda, Blasco Ibáñez y Alas.)

GUASTAVINO, Guillermo.—"Pereda y *La Montálvez* (Drama)", *Revista de Literatura*, XXXIV, 1968, núms. 67-68, pp. 59-61. (Sobre el arreglo teatral de *La Montálvez*, con carta de Pereda a F. Díaz de Mendoza.)

GUÍA.—*Guía, historia y anécdota de la vuelta a Cantabria*, Santander, Diputación Provincial, 1964, 92 págs.

GULLÓN, Ricardo.—*Vida de Pereda*, Breviarios de la vida española, XIV, Editora Nacional, Madrid, 1944, 281 págs. (Biografía que estudia la obra en orden cronológico.)

GUTIÉRREZ CALDERÓN DE PEREDA, J. M.—"Los autores de *Palos en seco*", en su *Santander, fin de siglo*, Santander, 1935, pp. 41-51.

HENDRIX, W. S.—"Notes on Collections of Types. A Form of *Costumbrismo*", *Hispanic Review*, I, núm. 3, 1933, pp. 208-221.

JOSE F. MONTESINOS

PEREDA
O LA NOVELA IDILIO

EDITORIAL CASTALIA

José Montero

PEREDA

Glosas y comentarios de la
vida y de los libros del Ingenioso Hidalgo montañés.

———◦◆◦———

MADRID
IMP. DEL INSTITUTO NACIONAL DE SORDOMUDOS Y DE CIEGOS
Paseo de la Castellana, núm. 69
1919

HERRERO, Javier.—*Fernán Caballero*: *un nuevo planteamiento*, Biblioteca Románica Hispánica, Editorial Gredos, Madrid, 1963, 346 págs. Sobre Pereda, passim.

HERRERO GARCÍA, Miguel.—"Sobre *Don Gonzalo González de la Gonzalera*", *Cultura Española*, II, 1941.

HOMENAJE A PEREDA.—*Boletín de la Biblioteca de Menéndez Pelayo*, XV, 1933, núm. 1, Extraordinario en homenaje al novelista D. José M.ª de Pereda, en el primer centenario de su nacimiento. Contiene:

PEREDA, Vicente de: "Portalada", pp. 2-4.

PALACIO VALDÉS, Armando: "Pereda - Recuerdos", pp. 5-7.

HUIDOBRO, Eduardo de: "Pereda en el género epistolar", pp. 8-30.

DE LOS RÍOS, Blanca: "Pereda, animador de Cantabria", pp. 31-40.

PAR, Alfonso: "Pereda y Cataluña", pp. 41-45.

ARAUJO-COSTA, Luis: "El señor de la Torre de Provedaño", (D. Ángel de los Ríos y Ríos), pp. 46-50.

ALONSO CORTÉS, Narciso: De "*La Montálvez*", pp. 51-58.

ESPINA, Concha: "Todo un nombre", pp. 59-62.

ORTIZ DE LA TORRE, Elías: "La arquitectura regional en la obra de Pereda", pp. 63-78.

ROGERIO SÁNCHEZ, José: "Las obras menores de Pereda", pp. 79-82.

ARTIGAS, Miguel: "De la correspondencia entre Pereda y Menéndez Pelayo. Las primeras cartas", pp. 83-107.

COSSÍO, José María de: "La historicidad de *Peñas arriba*", pp. 108-121.

R. DE LEGÍSIMA, P. Juan: "El hidalgo cristiano. Ideas religiosas de Pereda", pp. 122-131.

CÓRDOVA Y OÑA, Sixto: "La vida en Cumbrales", pp. 132-143.

MENÉNDEZ PIDAL, Ramón: "Un inédito de Pereda. Observaciones sobre el lenguaje popular de la Montaña", pp. 144-155.

SÁNCHEZ REYES, Enrique: "Las mujeres en la obra de Pereda y su madre", pp. 156-169.

SÁNCHEZ REYES, Enrique: Recensión de *Die Naturschilderungen in Peredas Romanen*, de Kurt Siebert, pp. 170-173.

(Se hace notar que estos artículos aparecen también bajo nombre de autor.)

HORNE, John van.—"La influencia de las ideas tradicionales en el arte de Pereda", *Boletín de la Biblioteca de Menéndez Pelayo*, I, 1919, pp. 254-267. El original es: "The influence of Conservatism on the art of Pereda", *PMLA* (Publications of the Modern Language Association of America), XXXIV, 1919, pp. 76-88.

HORNEDO, R. M., S. J.—"Menéndez Pelayo y el P. Coloma", *Razón y Fe*, Madrid, CLIII, núm. 701, 1956, pp. 759-772.

HUIDOBRO, Eduardo de.—*El verano en Santander* (Paseos y excursiones por la Montaña), Santander, 1899, 143 págs. Sobre Pereda, pp. 81-82 (de *El Reo de P....*), 78, 83, 93, 122-124.

Palabras, giros y bellezas del lenguaje popular de la Montaña, elevado por Pereda a la dignidad del lenguaje clásico español, Santander, 1907, 158 págs.

"Pereda en el género epistolar", *Boletín de la Biblioteca de Menéndez Pelayo*, XV, 1933, pp. 8-30.

V. también, *El Diario Montañés*.

HURTADO, Juan, y GONZÁLEZ PALENCIA, Ángel.—*Historia de la literatura española*, 6.ª ed. aumentada, Madrid, 1949, pp. 886-888.

JIMÉNEZ, Alberto.—*Juan Valera y la Generación de 1868*, Dolphin Book Co. Ltd., Oxford, 1956. Refs. a Pereda, pp. 24, 43 y 49-57.

JUNCO, Alfonso.—"Tres grandes de España" (Menéndez Pelayo, Galdós y Pereda), *Ábside* (México) XXVI, núm. 2, 1962, pp. 211-219. (Noticias biobibliográficas sobre las relaciones entre los autores citados.)

LAVERDE RUIZ, Gumersindo.—*Epistolario de Laverde Ruiz y Menéndez Pelayo*, (1874-1890), Edición, notas y estudio de Ignacio Aguilera; prólogo de Sergio Fernández Larrain, 2 tomos, Diputación Provincial de Santander, 1967, pp. 1.072.

LAVERDE RUIZ, Gumersindo, y MENÉNDEZ PELAYO, Marcelino.—*Entretenimientos literarios*, Santiago de Compostela, 1879, pp. 75. El ejemplar de la Biblioteca de Menéndez Pelayo tiene, en el reverso de la portada, una inscripción de Gumersindo Laverde, "Al Sr. D. José M.ª de Pereda", un soneto referido a los personajes de las novelas peredianas.

LÁZARO, Helena.—"Estudios sobre la polémica del naturalismo español", *Revista de la Universidad de Madrid*, IX, núm. 36, 1960, pp. 906-907 (resumen de tesis doctoral).

LEVI, Ezio.—*Nella letteratura spagnuola contemporánea*, Firenze, 1922.

LINCOLN, J. N.—"A Note on the Indebtedness of Pereda's *La puchera* to Bretón's *La independencia*", *Hispanic Review*, XI, 1943 pp. 260-263.

LIRA URQUIETA, Pedro.—"Sobre el lenguaje en el *Quijote*, en Pereda, y en el diccionario de Alfaro", *Sobre Quevedo y otros clásicos*, prólogo de Juan Múgica, Ediciones de Cultura Hispánica, Madrid, 1958, pp. 152.

LOMBA Y PEDRAJA, Juan Ramón.—"Pereda", *Cultura española*, 1906, III, núm. 2.889, pp. 711-725. "D. José M.ª de Pereda", *El Eco Montañés* (Habana), 3 febrero 1895.
Enrique Gil: su vida y su obra literaria. Tesis doctoral, Madrid, 1915.

LUNDEBERG, Olav K.—"On the Gender of *mar*", *Hispanic Review*, I, 1933, pp. 309-318.

LYNCH, Hanna.—"Pereda, the Spanish Novelist", *The Contemporary Review*, LXIX, 1896, pp. 218-232. *El Atlántico*, 18, 20, 21 y 22 febrero 1896. "Un *maestro* español en su casa", *El Atlántico*, 26 noviembre 1895. También en *El Eco Montañés* (Habana), y publicado primero en *The Speaker* (Londres).

LLANO, Manuel: Alusiones a Pereda en sus artículos periodísticos, recogidos en *Artículos en la prensa montañesa*, recopilación e introducción de Ignacio Aguilera, Diputación Provincial de Santander, 1972, 3 tomos. Ver sobre todo: II, pp. 551-553 (se publicó primero en *La Voz de Cantabria*, 24 de junio de 1930); II, pp. 766-768 (se publicó originariamente en *El Cantábrico*, 5 de febrero de 1933); III, pp. 1.011-1.014 (*El Cantábrico*, 21 octubre 1934).

LLUCH RISSECH, T.—"Peñas arriba", *La Vanguardia*, 3 junio 1895.

MACGILLICUDDY, Gerald V.—*Pereda Studies, or the Sea and the Fisherfolk in the Works of J. M. de Pereda*, Wurzburg, Buchdruckerei Richard Mayr, 1936.

MADRAZO, Enrique de.—"Homenaje a Pereda", *El Cantábrico*, 14 mayo 1904.

MAESTRE, Estanislao.—*Homenaje a Pereda*, Madrid, 1935.

MAEZTU, Ramiro de.—"Pereda, escritor", *ABC*, 7 septiembre 1933.
Discurso sobre Pereda, El Ateneo de Santander, 31 agosto 1933.

MAINER, José-Carlos.—"Una revisión, W. Fernández Flórez." *Insula*, febrero 1967. ("costumbrismo noventayochesco" y el "idilio anti-real" de Pereda.)

MARAÑÓN, Gregorio.—"Mcnéndez Pelayo y España (Recuerdos de la niñez)", en *Estudios sobre Menéndez Pelayo*. Nota preliminar de Florentino Pérez Embid, Editora Nacional, Madrid, 1956, 587 pp. Se publicó también en *Tiempo viejo y tiempo nuevo*, Madrid, 1953.

MARRERO, Vicente: *Historia de una amistad*: Pereda, Rubén Darío, "Clarín", Valera, Menéndez Pelayo, Pérez Galdós), Madrid, Editorial Magisterio Español, 1971.

MARTÍNEZ, P. Graciano.—"El solitario de Polanco", *De paso por las Bellas Letras*, Madrid, s. f., tomo I, pp. 278-291.

MARTÍNEZ KLEISER, Luis. "El mundo novelado de Pereda", *Ilustración Española y Americana*, II, suplemento núm. 48, 1907.

MARTÍNEZ RUIZ, José.—V. Azorín.

MARTÍNEZ Y RAMÓN, José María.—*Análisis de "Peñas arriba"*, con prólogo de C Eguía Ruiz, Torrelavega, 1908, XXXIV+222 págs.

MARTÍNEZ VAL, José María.—"Una página inédita de Marañón sobre Pereda", *ABC*, 1964 (al cumplirse el centenario de la aparición de las *Escenas montañesas* en un volumen).

MAYS, Maurine.—"A Sociological Interpretation of the Works of José María de Pereda", *Culver-Stockton Quarterly*, (Canton, Missouri), julio-octubre, 1926.

MAZA SOLANO, Tomás.—Temas del Folklore Montañés - "El Folklore en la época de Pereda", *Altamira*, 1949, núms. 1, 2, y 3, pp. 174-183.

101

"¿Cuándo nació Pereda? Error biográfico", *El Diario Montañés*, 6 de febrero, 1919.

MEJÍA DE FERNÁNDEZ, Abigail.—*Historia de la literatura castellana*, Casa Editorial Araluce, Barcelona, 1933, pp. 244-245.

MÉNDEZ BEJARANO, Mario.—*La literatura española en el siglo XIX*, Madrid, 1921.

MENÉNDEZ PELAYO, Enrique.—V. *El Diario Montañés*, "Apuntes para una biografía de Pereda".

De Cantabria, Santander, 1890. El artículo de Enrique Menéndez, "José María de Pereda", se publicó en varios periódicos del mismo año, y más tarde en los *Apuntes*.

MENÉNDEZ PELAYO, Marcelino.—(Sobre *Bocetos al temple*), *La Tertulia*, Santander, 2.ª época, pp. 122-128.

(Sobre *Tipos trashumantes*), *Revista Cántabro-Asturiana*, núm. 2, 20 de agosto de 1877.

(Sobre *Sotileza*), *La Época*, lunes 23 de marzo de 1885.

(Sobre *La puchera*), *El Correo*, 10 de febrero de 1889.

El Estandarte Católico, 13 de agosto de 1884.

(Sobre *Peñas arriba*), *Revista Crítica de Historia y Literatura Española*, Prólogo a las *Obras completas* de Pereda, tomo I, *Los hombres de pro*, Madrid, Tello, 1884.

In Memoriam. "Palabras de gracias pronunciadas por Menéndez Pelayo que presidía la Velada Necrológica en honor de Pereda, que tuvo lugar en el Teatro Español de Madrid, el 25 de abril de 1906" - Nota del Colector en M. Menéndez Pelayo, *Estudios y discursos de crítica histórica y literaria, Obras completas*, VI, Santander, 1941, pp. 389-391.

La novela española vista por Menéndez Pelayo, edición de M. Baquero Goyanes, Madrid, 1956, 252 págs.

Discurso de M. Menéndez Pelayo en la inauguración de la estatua de Pereda en Santander, 23 de enero de 1911, coleccionado en *Estudios y discursos...*, pp. 393-397.

Discurso en la inauguración de un monumento a D. José María de Pereda en Santander (Borrador). Autógrafo de M. Menéndez Pelayo, 13 págs. Encuadernación, piel, con estuche de tela. Regalo de Enrique Menéndez Pelayo a Federico de Vial. En la hoja de guarda, "Ex libris Federico Vial". Guardas jaspeadas. Portada principal: "Borrador / del / discurso pronunciado / por D. Marcelino Menéndez Pelayo / en la inauguración / de la estatua de Pereda / — / 1911." (Aquí la letra es de Enrique Menéndez Pelayo). En la página anterior (también escrita por E. Menéndez: "A Federico de Vial - en memoria del amigo a quien tanto quiso / y en prueba del vivo agradecimiento / y constante afecto de / Enrique / Feb.º 1914." Hay numerosas correcciones, si bien ninguna extensa.

Todos los artículos y dircursos mencionados aquí, con excepción del que apareció en *El Estandarte Católico*, están reunidos en la edición nacional de las Obras completas de Menéndez Pelayo, *Estudios y discursos de crítica histórica y literaria*, tomo VI, Santander, 1941, pp. 325-397.

La Ilustración Española y Americana, XXIII, Madrid, 28 de febrero de 1879. "Noticias literarias - *Don Gonzalo González de la Gonzalera*", pp. 147-150.

MENÉNDEZ PIDAL, Ramón.—"Un inédito de Pereda. Observaciones sobre el lenguaje popular de la Montaña", *Boletín de la Biblioteca de Menéndez Pelayo*, XV, 1933, pp. 144-155.

MERIMÉE, Ernest.—*History of Spanish Literature* (translated and revised by S. Griswold Morley), Geo. Routledge, London, 1931, pp. 547-548.

MOELLERING, William: *The Elements of Costumbrismo in Pereda's "Escenas montañesas"*. Tesis. (Consultado el microfilm en la Sección de Fondos Modernos de la Biblioteca de Menéndez Pelayo, Santander).

MONGUIO, Luis.—"Crematística de los novelistas españoles del siglo XIX", *Revista Hispánica Moderna*, XVII, 1952, pp. 111-127.

"The Social Status of the Spanish Novelists in the Nineteenth Century", *Journal of Aesthletics and Art Criticism*, X, 1952, pp. 264-272.

MONTERO IGLESIAS, José.—*Pereda. Glosas y comentarios de la vida y de los libros del Ingenioso Hidalgo montañés*, Madrid, Sucesores de Hernando, 1919, pp. 446. (Contiene: biografía; capítulos sobre los primeros escritos, las novelas, los personajes, los modelos, las descripciones de la naturaleza, etc. Multitud de anécdotas.)

El solitario de Proaño. (Vida y obra de D. Angel de los Ríos), Santander, 1917, pp. 233. (Contiene alguna referencia a Pereda y su obra).

MONTES, Matías.—"El realismo estético de Pereda en *La leva*", *Hispania*, LI, 1968, pp. 839-846.

MONTOLIU, Manuel de.—*Manual de historia de la literatura castellana*, Editorial Cervantes, Barcelona, 1957, 2 tomos. 6.ª edición ampliada con dos nuevos capítulos por el Prof. Luis Moya Plana. Sobre Pereda, tomo II, pp. 273-275.

NAVARRO Y LEDESMA, Francisco.—"Noticias literarias. El hidalguete de Provedaño", *El Imparcial*, 25 de febrero de 1895.

NOGALES, Acebal y Mesa.—"José María de Pereda", *El Ateneo*, núm. III, 1906, pp. 20-32.

OBESO PINEIRO, María Ángeles.—*El habla de la Montaña a través de la obra de Pereda*, tesis de licenciatura, Universidad de Barcelona, 1964. (Se reseña en Gorchs Dot, José y Sol Valles, Joaquina: *La Investigación Científica en Barcelona*, "Miscelánea Barcinonensia", Barcelona, III, núm 7, 1964, pp. 103-132.)

OLIVEIRA MARTINS, F. A.—"Uma página de duas literaturas. Antero de Quental na perspectiva de D. José María de Pereda", XXVI Congresso

Luso-Espanhol. Secçao VII, História e Arqueología, Porto, 1962, pp. 95-108

OLLER, Narciso.—*Memòries literàries. Historia dels meus llibres*, Prólogo de Gaziel, Editorial Aedos, Biblioteca Biográfica Catalana núm. 31, Barcelona, 1962, pp. LII + 434 + 6, con 15 láms. (Reminiscencias de Pereda, con algunas cartas de éste a Oller. Jean Camp notó ya en 1937 que "Narciso Oller et Pereda échangèrent, pendant des annes, une correspondance tres intéressante qui, recueillie par Joan Oller, fut remise par celui-ci a une bibliothèque publique de Barcelona et n'a jamais pu étre retrouvée, malgré les recherches que nous fîmes de concert, en 1933.")

ORTEGA, Soledad.—*Cartas a Galdós*, Revista de Occidente, Madrid, 1964, pp. 454. Cartas de Pereda a Galdós, pp. 37-206, desde 1872 hasta 1905.

ORTEGA MUNILLA, José.—"Madrid", sobre Pereda, *El Imparcial*, 12 de marzo 1888.

ORTIZ, José María.—"El cura y el médico en las obras de Pereda", *El Diario Montañés*, 26 abril, 1 y 3 mayo, 1905.

ORTIZ DE LA TORRE, Alfonso.—V. *El Diario Montañés*.

ORTIZ DE LA TORRE, Elías.—"La etnografía en la obra de Pereda", *Altamira*, 1, 1934, pp. 11-43.

"La arquitectura regional en la obra de Pereda", *Boletín de la Biblioteca de Menéndez Pelayo*, XV, 1933, pp. 63-78.

OUTZEN, Gerda.—*El dinamismo en la obra de Pereda*, Santander, Imp. J. Martínez, 1936, pp. 246. Figura en la serie de Publicaciones de la Sociedad de Menéndez Pelayo. Traducción del alemán por María Fernanda de Pereda y Torres Quevedo.

"El verbo y el dinamismo del lenguage", *R. Educ.*, III, núm. 9, páginas 631-634.

PALACIO VALDÉS, Armando.—Discurso leído ante la Real Academia Española (sobre Pereda), 1920.

"Pereda - recuerdos", *Boletín de la Biblioteca de Menéndez Pelayo*, XV, 1933, pp. 5-7.

PAR, Alfonso.—"Pereda y Cataluña", *Boletín de la Biblioteca de Menéndez Pelayo*, XV, 1933, pp. 41-45.

PARDO BAZÁN, Emilia.—*La cuestión palpitante*, Madrid, 1882 (caps. XVIII y XIX). También en forma de capítulos separados, en los periódicos del día, entre ellos, *La Epoca*, 3 de abril de 1883.

Polémicas y estudios literarios, Obras completas, VI, Madrid, 1892. Recoge los artículos siguientes: "Pereda y su último libro", *Nuevo teatro crítico*, núm. 3, 1 de marzo de 1891, pp. 25-60; "Una y no más", fechado en 21 de febrero de 1891 y publicado en *El Imparcial*; "Los resquemores de Pereda, *El Imparcial*, 31 de enero y 9 de febrero de 1891; *Pedro Sánchez*, *El Imparcial*, 31 de mayo de 1884, y *El Liberal*, 17 de marzo de 1884. Sobre *Al primer vuelo* (sin fecha). "La nueva generación de novelistas y costumbristas en España", *Helios*, III, 1904.

PATTISON, Walter T.—*Benito Pérez Galdós and the Creative Process*, University of Minnesota, 1954, pp. 146. Sobre *Gloria*, topografía, Pereda y Escalante, pp. 21-31. Viaje de Pereda y Galdós, pp. 23-24. Pereda y *Gloria*, pp. 33-34. P. y el Krausismo, p. 34. Influencia de P. respecto a los personajes menores, p. 107. Discursos académicos de P. y Galdós, p. 32.

El naturalismo español. Historia externa de un movimiento literario, Madrid, 1965. Reimpresión, Biblioteca Románica Hispánica, Editorial Gredos, 1969, pp. 191. Sobre Pereda, pp. 15-16 y 63-83.

PAVIA, Mario N.—"Hechicería en la Montaña, según *Las brujas* de Pereda", Anuario de la Sociedad Folklórica de México, VII, 1952, pp. 113-121.

"PEDRO SÁNCHEZ" (José María Quintanilla).—V. *El Diario Montañés.*

PENNY, R. J.—*El habla pasiega: ensayos de dialectología montañesa,* Colección Támesis, London, 1970, pp. 478.

PEREDA, José María de.—V. Los siguientes para los estudios más importantes: *El Diario Montañés,* Santander, 1 de mayo de 1906; "Homenaje a Pereda", *Boletín de la Biblioteca de Menéndez Pelayo*, XV, 1933; Menéndez Pelayo, Marcelino; Cossío, José María de; Camp, Jean; Gullón, Ricardo; Montero Iglesias, José; Eoff, Sherman H.; Fernández Montesinos, José; Fernández-Cordero y Azorín, Concepción.

PEREDA, Vicente de.—V. "Portalada", en "Homenaje a Pereda", *Boletín de la Biblioteca de Menéndez Pelayo,* XV, 1933, pp. 2-4.

PEREDA Y TORRES QUEVEDO, María Fernanda.—*Epistolario de Pereda y Menéndez Pelayo* (con Enrique Sánchez Reyes), Consejo Superior de Investigaciones Científicas, Santander, 1953. pp. 202. Las cartas abarcan el período de 1876 hasta 1905.

Traductora, del alemán, de *El dinamismo de Pereda,* de Gerda Outzen, Santander, 1936.

PÉREZ DE LUQUE, Colomba.—*Paralelismos y divergencias en la novelística de Pereda y Hardy,* Madrid, Gráficas Porrúa, 1970, pp. 355. (Contiene: Bosquejo biográfico - Pereda y Hardy; Las novelas de Pereda, las novelas de Hardy; caracteres estilísticos; personajes; regionalismo; ideología; conclusión y bibliografía.)

PÉREZ GALDÓS, Benito.—Prólogo ("José M. de Pereda") a *El sabor de la tierruca,* 2.ª edición, Tello, Madrid, 1889, pp. 5-20. Este prólogo se publicó primero en *La Ilustración Cantábrica,* tomo IV, núm. 22, Madrid, 8 de agosto de 1882; no aparece en la 1.ª edición de *El sabor...,* Barcelona, 1882.

"El lenguaje en la novela", *R. Educ.,* II, 1956, núm. 6, pp. 690-691.

Cuarenta leguas por Cantabria, publicado primero en *Revista de España,* LIII, pp. 198-211 y 495-508, y coleccionado en *Memoranda, Miscelánea, Obras completas,* Aguilar, tomo VI, Madrid, 1951, pp. 1.431-1.445.

ANTHONY H. CLARKE

"Pereda y yo", en *Memorias de un desmemoriado, Miscelánea, Obras completas,* Aguilar, tomo VI, 1951, pp. 1.661-1.663.
Contestación al discurso del Sr. D. José María de Pereda ante la Real Academia Española. Discursos de Menéndez Pelayo, Pereda y Pérez Galdós, Tello, Madrid, 1897, pp. 151-189.
"Observaciones sobre la novela contemporánea en España - *Proverbios ejemplares y proverbios cómicos,* por D. Ventura Ruiz Aguilera", *Revista de España,* XV, 1870, pp. 162-168.

PÉREZ PETIT, V.—*Lecturas, Obras comp.,* IV, Montevideo, 1942, pp. 348.

PFANDL, Ludwig.—"Pereda, der Meister des modernen spanischen Romans", *Spanien* (Zeitschrift für Fluslandskründe), Hamburgo, 1920, tomo XIX, núm. 4, pp. 268-273.

PICÓN FEBRES, Gonzalo.—*Notas y opiniones,* Caracas, Tip. Herrera Irigoyen y C.ª, 1898, pp. 256. V. "En defensa de Pereda", pp. 107-121, en contestación a un artículo que censura el clima moral de *La Montálvez.*

PIDAL Y MON, Alejandro.—*Discurso - Pereda,* Madrid, 1906, pp. 41.

PITOLLET, Camille.—"Cartas de Pereda a Palacio Valdés", *Boletín de la Biblioteca de Menéndez Pelayo,* XXXIII, 1957, núms. 1-2, pp. 121-130. (Como complemento al artículo de Pitollet se publicó en el mismo, pp. 72-120, "Recuerdos de don Armando Palacio Valdés".

PLACE, Edwin B.—*Don Gonzalo González de la Gonzalera,* novela por D. José M. de Pereda, edición con introducción, notas y vocabulario por Edwin B. Place, con dibujos originales de Angel Cabrera Latorre, Chicago. New York, B. H. Sanborn & Co., 1932, pp. XV + 300. Nota bibliográfica, p. XV.

QUALIA, Charles B.—"Pereda's Naturalism in *Sotileza*", *Hispania,* XXXVII, 1954, pp. 409-413.

QUINTANILLA, José María.—V. *El Diario Montañés.*

R. DE LEGÍSIMA, P. Juan.—"El hidalgo cristiano. Ideas religiosas de Pereda", *Boletín de la Biblioteca de Menéndez Pelayo,* XV, 1933, pp. 122-131.

RICARD, Robert.—"Tres notas galdosianas", *El Museo Canario* (Las Palmas), XXI, núms. 75-76, 1960, pp. 133-137. (Trata brevemente el viaje de Galdós y Pereda a Portugal en 1885.)

RÍO, ÁNGEL DEL.—*Historia de la literatura española,* The Dryden Press, New York, 1948, tomo II.

RÍOS, Blanca de los.—"Pereda, animador de Cantabria", *Boletín de la Biblioteca de Menéndez Pelayo,* XV, 1933, pp. 31-40.

RÍO Y SÁINZ, José Antonio del.—*La provincia de Santander considerada bajo todos sus aspectos,* Santander, 1889, tomo II. El artículo sobre Pereda y su obra se intitula "Efemérides" pp. 109-118. Señala la fecha 7 de febrero de 1834, erróneamente, como la del nacimiento del

106

novelista. (*La provincia de Santander*... se publicó primero en un tomo reducido, Santander, 1875, limitándose entonces a la geografía y las industrias cantábricas. En su prefacio el autor nos participa su deseo de abarcar "todos sus aspectos" en futuras publicaciones.)

RIVAS CHERIF, Cipriano.—"Figuras nacionales. Don José María de Pereda", *El Sol*, 19 de febrero de 1933.

RODRÍGUEZ DE BEDIA, Evaristo.—V. *El Diario Montañés.*

ROGERIO SÁNCHEZ, José.—"Las obras menores de Pereda", *Boletín de la Biblioteca de Menéndez Pelayo*, XV, 1933, pp. 79-82.

ROMERA NAVARRO, Miguel.—*Historia de la literatura española*, Heath, Boston, 1928 (y varias ediciones subsecuentes), pp. 566-574 sobre Pereda.

ROMERO RAIZÁBAL, Ignacio.—"Junto a la estatua de Pereda", *Tradición*, Santander, 1933, núm. 3.

ROURE, Narciso.—"Pereda. Su vida y sus obras. Su significación literaria y social", *Boletín de la Biblioteca de Menéndez Pelayo*, VI, 1924, pp. 340-351. (Se trata del capítulo sobre *Sotileza* de un libro que no se terminó ni llegó a publicarse.)

RUIZ CONTRERAS, Luis ("Palmerín de Oliva").—*Tres moradas* (Pereda - Galdós - Menéndez Pelayo), Madrid, 1897, pp. 64.

La novela en el teatro - Cartas del señor D. José M. de Pereda. Con aclaraciones y comentarios de Luis Ruiz Contreras, Madrid, 1903, 44 hojs. (págs. no numeradas.) (La novela aludida, de cuya dramatización se había encargado el Sr. Ruiz Contreras, un poco a desgana del novelista, era *La puchera*.)

La novela en el teatro..., nueva edición, Barcelona, 1910.

Memorias de un desmemoriado, Madrid, 1917.

Medio siglo de teatro infructuoso, Madrid, 1931.

SALCEDO RUIZ, A.—*La literatura española*, tomo IV, Calleja, Madrid, 1917, 2.ª ed., págs. 652. V. sobre todo, pp. 459-478.

SALINAS, Pedro.—*Ensayos de literatura hispánica*, Aguilar, Madrid, 1958. "La literatura española moderna", pp. 285-290.

SÁNCHEZ, Joseph.—*Ideological Index of the Works of José María de Pereda*. Universidad de Wisconsin, 1940. Tesis (Consultando el microfilm en la Sección de Fondos Modernos de la Biblioteca de Menéndez Pelayo, Santander).

SÁNCHEZ, José.—"Freedom of Choice in Marriage in Pereda", *Hispania*, XXIV, 1941, pp. 321-330.

SÁNCHEZ ALONSO, Benito.—"El sentimiento del paisaje en la literatura castellana", *Cosmópolis*, II, 1922.

"La expresión literaria del sentimiento de la naturaleza", *Revista de la Biblioteca, Archivo y Museo del Ayuntamiento de Madrid*, XLIII, 1934, pp. 282-298

Sánchez Reyes, Enrique.—"Las mujeres en la obra de Pereda y su madre", *Boletín de la Biblioteca de Menéndez Pelayo*, XV, 1933, pp. 156-169.

"Pereda, hijo de Santander", discurso leído el 10 de mayo de 1933 en el primer centenario del nacimiento de Pereda, Santander, 1933. V. Santiago Camporredondo, Pedro.

"Salvador Rueda, Maura, Menéndez Pelayo y Pereda - Memento literario", *Boletín de la Biblioteca de Menéndez Pelayo*, XV, 1933, pp. 220-229.

(Con María Fernanda de Pereda y Torres Quevedo) *Epistolario de Pereda y Menéndez Pelayo*, Consejo Superior de Investigaciones Científicas, Santander, 1953, pp. 202.

"Mementos de actualidad (Salvador Rueda)", *Boletín de la Biblioteca de Menéndez Pelayo*, XXXIII, 1957, pp. 188-207. (Seis cartas de Pereda a Rueda y siete de Rueda a Menéndez Pelayo.)

Santiago Camporredondo, Pedro.—*Alocución fúnebre... Primer centenario del nacimiento de D. José María de Pereda* (Acto celebrado el 6 de febrero 1933, en la Catedral de Santander), pronunciada por el Muy Ilustre Sr. D. Pedro Santiago Camporredondo, con conferencia de los Sres. Artigas, Cossío (F.), Sánchez Reyes y Cubría Sáinz. Santander, Imprenta y Litografía Viuda de Fons, 1933, VII+79 págs.

Savaiano, E.—"Pereda's Portrayal of Nineteenth Century Clergymen", *Modern Languages Journal*, XXXVI, 1952, pp. 223-229.

Savine, Albert.—"Les romans de José María de Pereda", *Polybiblion*, Revue Bibliographique Universelle, París, 2.ª serie, XXXVII, febrero de 1883, pp. 143-144.

Serna, Víctor de la.—"Pereda y la hidalguía", *Informaciones*, 7 de febrero de 1933.

Sesión Necrológica.—*Sesión Necrológica,* / Celebrada en 1.º de abril de 1906 / en honor del Insigne literato / D. José M.ª de Pereda / Academia de Derecho y Literatura de San Luis Gonzaga. / Colegio de Estudios Superiores de Deusto. Bilbao, Imprenta y Encuadernación de la Editorial Vizcaína, Gran Vía, 26, y Ledesma, 15, 1906, pp. 38. Contiene: "Pereda", discurso pronunciado por el socio D. Ángel Herrera y Oria; "A Pereda", poema por Fernando de Rojas y García; "Las novelas de Pereda", discurso pronunciado por el socio D. José Medina y Togores; "Pereda", poema por José Solano y Polanco; Resumen por el Director de la Academia, D. Félix L. del Vallado, S. J.

Shaw, Donald L.—*A Literary History of Spain. The Nineteenth Century*, Benn Barnes & Noble, London, 1972, pp. 115-122.

Shoemaker, William H.—"Cartas de Pereda a Galdós y ocho borradores", *Boletín de la Biblioteca de Menéndez Pelayo*, XLII, 1966, pp. 131-172.

Sieber, Kurt.—*Die Naturschilderungen in Peredas Romanen*, Hamburger Studien zu Volkstum und Kultur der Romanen, XII, 1932, pp. VIII+123.

SIMÓN CABARGA, José.—"El padre Apolinar: un retrato velazqueño de Pereda", *Altamira*, Revista del Centro de Estudios Montañeses, 1954, pp. 176-201.

Retablo santanderino (Biografía de una ciudad), parte 1.ª, Santander 1954, pp. 490. Los capítulos referidos a Pereda y su obra son los siguientes: XII - Pereda, autor teatral. Su fracaso. XV - *La Abeja Montañesa*. Pereda y *El Tío Cayetano*. XVI - El viento Sur, "pirómano incorregible". El "Cabo Machichaco". XIX - La sombra de Pereda. XXIX - La rampa de Sotileza. Los raqueros.

Retablo santanderino (Biografía de una ciudad), parte 2.ª, Santander, 1956. pp. 325. Cap. XII - El cabotaje. Historia de un patache en el dibujo de F. Pérez del Camino. XIII - Cutres.

Retablo santanderino (Biografía de una ciudad), parte 3.ª, Santander, 1964, pp. 225. Cap. I - Santander en los tiempos de Sotileza. II - El Padre Apolinar. Un retrato velazqueño de Pereda.

Historia del Ateneo de Santander. Editora Nacional, Madrid, 1963, pp. 290. Pereda - pp. 5-7. Centenario de Pereda, 1933, p. 142. 1956. 50 años después de la muerte de Pereda - conferencias en el Ateneo: A. Pérez Regules, "La novela de Pereda y la crítica de su tiempo", y otros temas referentes a Pereda. Están apuntadas entre la sección de Literatura Montañesa las siguientes conferencias sobre Pereda: A. López Argüello, "Juicio crítico sobre Pereda" (1915); E. de Huidobro, "Analogías entre el realismo de Cervantes y el de Pereda" (1916); J. Ortega Munilla, "La escuela literaria de Santander. Recuerdos de Menéndez Pelayo y Pereda". Para el año 1933, centenario del nacimiento de Pereda, están mencionadas las conferencias que se dieron en el Ateneo, algunas de las cuales se publicaron en el mismo año, en forma de artículo, en el núm. extraordinario del *Boletín de la Biblioteca de Menéndez Pelayo* en homenaje a Pereda.

SOLANO, Ramón de.—*V. El Diario Montañés*.

SORIANO, Rodrigo.—"Pereda", *El Imparcial*, 22 de febrero de 1897.

SWAIN, James O.—"Reactionism in Pereda's *Tío Cayetano*", *Hispania*, XVII, 1934, pp. 83-96.

TANNENBERG, Boris de.—"Écrivains castillans contemporains - J. M. de Pereda", *Revue Hispanique*, V, 1898, pp. 330-364. Hay separata, París, 1898, págs. 39.

"Pereda", en *L'Espagne littéraire*, (Portraits d'hier et d'aujourd'hui), 1.ª serie, París, 1903, XVI + 316 págs. (Entre los retratos de literatos españoles figuran Menéndez Pelayo, Tamayo y Baus, Pereda y Pardo Bazán). Pereda, pp. 211 - 298.

TORRENTE BALLESTER, Gonzalo.—*Panorama de la literatura española contemporánea*, Ediciones Guadarrama, Madrid, 1961, 2 tomos. Sobre Pereda, tomo I, pp. 50-53.

TORRES, David.—*El arte novelístico de Pereda*. Univesidad de Illinois, 1969 (Consultado el microfilm en la Sección de Fondos Modernos de la Biblioteca de Menéndez Pelayo, Santander).

TREVERRET, A. de.—Conferencia sobre Pereda y el naturalismo pronunciada en Burdeos y publicada por *Courrier de la Gironde,* 17 de marzo de 1885. V. también Traducciones (*Pedro Sánchez*).

"La littérature espagnole contemporaine - le roman et le réalisme", Serie de artículos importantes publicados en *Le Correspondant,* 1885. El número IV se refiere a Pereda, *Le Correspondant,* 25 de abril de 1885. Se publicó también como folleto separado, Jules Gervais. París, 1885, 23 págs.

TRUEBA, Antonio de.—Prólogo a la 1.ª edición de las *Escenas montañesas,* Madrid, 1864, incluído también en la 2.ª edición, Santander, 1877.

UNAMUNO Y JUGO, Miguel de.—"El sentimiento de la naturaleza", en *Por tierras de Portugal y de España,* Biblioteca Renacimiento, Madrid, 1911. Otra edición, Madrid, 1930. También en *Obras completas,* Afrodisio Aguado, tomo I, 1959, pp. 588-597.

Prólogo a *Retablo infantil* de Manuel Llano, Santander, 1935. Incluído en *Obras completas,* Afrodisio Aguado, tomo VII, 1959, pp. 464-467.

Recordando a Pereda, en *Paisajes del alma,* Revista de Occidente, 1944, y Colección "Selecta", Revista de Occidente, 1965. También en *Obras completas,* I, Afrodisio Aguado, 1959. (Algunos de los artículos originales que forman esta colección se publicaron primero, en 1923, en *La Nación,* de Buenos Aires y *Nuevo Mundo,* Madrid).

"Nuestra impresión de Galdós", (contiene breve alusión a Pereda), *El Mercantil Valenciano,* Valencia, 8 de enero de 1920. También en *Obras completas,* tomo V, Afrodisio Aguado, 1960, pp. 471-474.

VALBUENA PRAT, Angel.—*Historia de la literatura española,* Gustavo Gili, Barcelona, 1960, 6.ª edición, en 3 tomos. "Las peñas y el mar en el regionalismo de Pereda", tomo III, pp. 313-318. Breve bibliografía.

VALERA, Juan.—Sobre el Discurso de Pereda ante la Real Academia Española, Madrid, 22 de marzo de 1897, *Nuevas cartas americanas.* Puede verse en *Obras completas,* Aguilar, Madrid, 1958, tomo III, pp. 496-498.

VARELA HERVÍAS, E.—"Cartas de José M.ª de Pereda", *Bulletin Hispanique,* LX, 1958, núm. 3, pp. 375-381. (Son 17 cartas de Pereda a Mesonero Romanos).

"Cuatro cartas a Mesoneros Romanos", *Clavileño,* año VII, julio-agosto 1956, núm. 40, pp. 51-53. (La tercera carta es de Pereda, fechada 5 de octubre, 1878).

VARELA JÁCOME, B.—"El fracaso de la dramatización de *La puchera*", *Revista de Literatura,* Madrid, XIX, 1961, núms. 37-38, pp. 117-123. (Nota sobre la correspondencia de Pereda y Luis Ruiz Contreras respecto a la dramatización por éste de *La puchera*).

VÉZINET, F.—*Les grands maîtres du roman espagnol contemporain,* París, 1907. pp. 129-166.

VOSSLER, Carlos.—"Pereda", en *Spanien,* II, 1920, p. 268.

WAGG. Derek, R.—"Pereda and the Montañés Dialect", en *Hispanic Studies Presented to J. Manson*, edición de D. M. Atkinson y A. H. Clarke, Oxford, Dolphin Book C.°, 1972, pp. 269-275.

WARREN, L. A.—*Modern Spanish Literature*, Brentano's, New York, 1929, tomo I, pp. 119-133.

WEISS, G. M.—*El mundo novelesco de Pereda visto en sus temas y personajes*. New York University, 1964. Tesis inédita. (Consultado el microfilm en la Sección de Fondos Modernos de la Biblioteca de Menéndez Pelayo, Santander).

WIESE, B.—Pereda Auswahl aus *Tipos y paisajes*. Mit Einleitung und Anmerkungen herausgegeben von B. Wiese, Teubners Spanische und Hispanoamerikanische Textausgeben, Leipzig, B. G. Teubner, 1924. Edición alemana de *Tipos y paisajes* con introducción y notas).

WILLIAMS, P. I.—*El humor en las obras de Pereda*. Universidad de Cincinnati, 1961. Tesis inédita. (Consultado el microfilm en la Sección de Fondos Modernos de la Biblioteca de Menéndez Pelayo, Santander).

ZAMORA VICENTE, Alonso.—*De Garcilaso a Valle-Inclán*, Editorial Sudamericana, Buenos Aires, 1950, V. especialmente "El paisaje", pp. 208-209 y "Observaciones sobre el sentimiento de la naturaleza en la lírica del siglo XVI", pp. 65-84.

Voz de la letra, Colección Austral, Espasa-Calpe, 1958, pp. 141. V. sobre todo: "Vaivén de la literatura", y "Una novela de 1902", en *Libros y hombres vivos*, passim, y especialmente, pp. 40-41.

APARTADO B - X

NOTAS Y ARTÍCULOS BREVES DE INTERÉS LOCAL O TÓPICO

(Reseñas aparecidas en la sucesiva publicación de las Obras de Pereda)

ESCENAS MONTAÑESAS (1864)

La Correspondencia de España, 23 octubre 1864.

TIPOS Y PAISAJES (1871)

Moreno López, C.
Pérez Galdós, Benito

La Iberia, 2 julio 1871.
El Debate, 7 de febrero de 1872 (sin firma).
El Pensamiento Español, 28 de julio 1871.
La Revista de España, 13 de diciembre de 1871.

BOCETOS AL TEMPLE (1876)

Gómez, Valentín
Pérez Galdós, Benito
Menéndez Pelayo, Marcelino

La Fe, 16 de enero de 1877.
El Imparcial, 1 de enero de 1877
La Tertulia, 2.ª época, Santander, pp. 122-128.

TIPOS TRASHUMANTES (1877)

Menéndez Pelayo, Marcelino

Revista Cántabro-Asturiana, núm. 2, 20 de agosto de 1877.

Gavica, J. A.

El Aviso, 9 de agosto 1877. También, con motivo del artículo de M. Menéndez Pelayo, en *El Aviso*, 21 y 31 de agosto de 1877.

Cedrún de la Pedraja, G.
Oscáriz, Víctor

El Comercio, 1 de septiembre de 1877.
La Voz Montañesa, 4 de septiembre de 1877.

EL BUEY SUELTO (1878)

Moya, Miguel	*La Época*, 22 de abril de 1878.
Marañón, Manuel	*La Mañana*, 2 de mayo de 1878.
Fernández Llera, Víctor	*El Aviso*, 16 de abril de 1878.
Tejado, Gabino	*La Ciencia Cristiana*, 1878.
Bustamente, Antonio L.	*La Crónica Mercantil*, 5 de mayo de 1878.
Valbuena, Antonio	*La Ilustración Católica*, 19 de mayo de 1878.

DON GONZALO GONZALEZ DE LA GONZALERA (1879)

Tejado, Gabino	*La Ilustración Católica*, 28 de marzo de 1879.
Miquel y Badía, F.	*Diario de Barcelona*, 19 de marzo de 1879.
Marañón, Manuel	*La Mañana*, 2 de febrero de 1879.
Leguina, E. de	*La Época*, 17 de marzo de 1879.
Navarro, F. Benicio	*Revista de España*, 26 de febrero de 1879.
Fernández Llera, A.	*El Aviso*, 4 de febrero de 1879.
Fernández, Ernesto	*La Voz Montañesa*, 28 de enero de 1879.
Bustamante, Antonio L.	*El Comercio de Castilla*, 30 de marzo de 1879.
Olarán, Ricardo	"Carta a Pereda", *El Aviso*, 28 enero 1879.
Pereda, José María	Respuesta a la carta de Olarán, *El Aviso*, 1 de febrero de 1879.
Olarán, Ricardo	*El Aviso*, 6 de febrero de 1879.
Valbuena, Antonio	*El Siglo Futuro*, 18 de junio de 1879. y *La Ciencia Cristiana*, junio de 1879.
Moya, Miguel	*Los Debates*, 30 de abril de 1879.
Alas, Leopoldo ("Clarín")	*La Unión*, 28 de marzo de 1879.
Menéndez Pelayo, Marcelino	*La Ilustración Española y Americana*, 28 de febrero de 1879.
Anónimos	"Justo desagravio", *La Fe*, 8 de febrero de 1879. *La Fe*, 21 de enero de 1879. *La Correspondencia de España*, 24 de enero y 3 de marzo de 1879. *El Eco de la Montaña*, 23 de enero de 1879. *El Eco Montañés*, 9 de febrero de 1879. *La Crónica de León*, 14 de mayo de 1879. *El Océano*, 23 de febrero de 1879. "El Concejo de Jauja por un vecino del mismo", *El Siglo Futuro*, 4 de febrero de 1880.

DE TAL PALO, TAL ASTILLA (1880)

Ortega Munilla, J.	*El Imparcial*, 29 de marzo de 1880.
Alas, Leopoldo ("Clarín")	*El Imparcial*, 19 de abril de 1880.
Tuero, Tomás	*La Unión*, 4 de junio de 1880.
Moya, Miguel	*El Liberal*, 14 de abril de 1880.
Escobar, Alfredo	*La Época*, 5 de abril de 1880.
Navarro, F. Benicio	*Revista de España*, 13 de julio de 1880.
Miquel y Badía, F.	*Diario de Barcelona*, 29 de mayo de 1879.
Olarán, Ricardo	Carta a Pereda, *La Voz Montañesa*, 13 de abril de 1880.
Valbuena, Antonio	*La Ciencia Cristiana*, 30 de abril de 1880. Se publicó después en *El Siglo Futuro*, 3 de julio de 1880.

Anónimos Firmado "Fernán-Gómez", *El Demócrata*, 1 de abril de 1880.
Firmado "Torre-Cores", *Revista de Galicia*, 10 de mayo de 1880.
Revista Contemporánea, 15 de abril de 1880.
La Fe, 11 de mayo de 1880.
Boletín de Comercio, 8 de abril de 1880.
Semanario Religioso (de la Diócesis de Linares, Monterrey) 11 de septiembre de 1881.
Revista de Galicia, 10 de mayo de 1880.
El Imparcial, 1 y 29 de marzo de 1880.

Esbozos y Rasguños (1881)

Palacio Valdés, Armando *El Día*, 24 de abril de 1881.
Moya, Miguel *El Liberal*, 22 de mayo de 1881.
Olarán, Ricardo *El Aviso*, 5 de abril de 1881.
Bengoa y Cabrero, N. *El Aviso*, 28 de abril de 1881.
Menéndez Pelayo, E. "La alameda primera", *El Aviso*, 7 de febrero de 1885.
Sellent, E. *La Voz Montañesa*, 8 y 9 de abril de 1881.
Escalante, Amós de ("Juan García") *Boletín de Comercio*, 8 y 9 de abril de 1881.
Río, José Antonio del *Boletín de Comercio*, 5, 6 y 7 de abril de 1881.
Valbuena, Antonio de *El Correo Catalán*, 6 de abril de 1881.
Savine, Albert *Le Moniteur Général*, 28 de abril de 1881.
Escobar y Ramírez, Alfredo ("Almaviva") *La Época*, 4 de abril de 1881.
Ortega Munilla, José *Los Lunes de El Imparcial*, 21 de marzo de 1881.

Anónimos *La Europa*, 7 de abril de 1881 (firmado "Ego").
Revista Contemporánea, 15 de abril de 1881, firmado "H".
El Imparcial, 21 de marzo de 1881.
El Correo, 15 de julio de 1881.
El Liberal, 22 de mayo de 1881.
El Siglo Futuro, 12 de febrero de 1881.

El Sabor de la Tierruca (1882)

Alfonso, Luis *La Época*, 10 de julio de 1882.
Ortega Munilla, José *El Imparcial*, 26 de junio de 1882.
Pérez Galdós, Benito *El Imparcial*, 14 de agosto de 1882. También en *La Ilustración Cantábrica*, 8 de agosto de 1882.
Liniers, Santiago de *La Unión*, 18 de julio de 1882.
García Romero, M. "Cartas a mi primo", *Revista de Madrid*, junio de 1882.
Duque y Merino, D. *El Día* (Suplemento literario) 7 de agosto de 1882.
Zahonero, José *La Iberia*, 3 de julio de 1882.
Balbín de Unquera, A. *La Ilustración Cantábrica*, 18 de julio de 1882.
Alonso y Zegrí, Manuel "Pereda", *La Lealtad*, 2 de julio de 1882.
Pereda, José María de "Cuatro palabras a un deslenguado" (respuesta de P. a un tal Federico de la Vega. Hoja circular), Polanco, 24 de agosto de 1882, en *El Conservador* (Bogotá), 9 de noviembre de 1882.

Talero, Juan   *El Navarro*, 26 de julio de 1882.

Mestres, Apeles   "Algo sobre *El Sabor de la tierruca*". Carta abierta a Pereda, Barcelona, 11 de agosto de 1882, publicada en los periódicos catalanes. Incluye también carta de Pereda a Mestres, 1 de febrero de 1882.

Miquel y Badía, F.   *Diario de Barcelona*, 15 de julio de 1882.

Anónimos   *Boletín de Comercio*, 21 de junio de 1882.
La Fe, 27 de junio de 1882 (firmado "V").
"Don José María de Pereda", *El Globo*, 1 de diciembre de 1882 (breve reseña y retrato).
La Fe, 2 de diciembre de 1882 (sobre el artículo anterior de *El Globo*).
"Pacotilla - al eminente novelista D. José María de Pereda", *La Voz Montañesa*, 24 junio 1882.
El Aviso, 29 de junio de 1882.
Los Lunes, de *El Imparcial*, 26 de junio de 1882.
La Época, 26 de junio de 1882.

PEDRO SÁNCHEZ (1883)

Gómez, Valentín   *La Fe*, 31 de diciembre de 1883.

Pardo Bazán, Emilia   De *La cuestión palpitante*, "XIX. En España", *La Época*, 3 de abril de 1883.
El Liberal, 1 de marzo de 1884.

Sota, Juan de la   *La Unión*, 27 de diciembre de 1883.

Ortega Munilla, José   *El Imparcial*, 24 de diciembre de 1883.

Alas, Leopoldo ("Clarín")   *El Correo de Cantabria*, 30 de enero de 1884.

Omar y Barrera, Claudio   "El primer novelista de España", *El Ampurdán*, 18 de enero de 1884.

Vidal de Valenciano, C.   *La Dinastía*, 27 de enero de 1884.

Menéndez Pelayo, M.   "D. José María de Pereda", *El Estandarte Católico*, 13 de agosto de 1884.

Liniers, Santiago de   *La Unión*, 2 de enero de 1884.

Miquel y Badía, F.   *Diario de Barcelona*, 12 y 18 de marzo de 1884.

Savine, Albert   "Le Gil Blas du XIX siecle - un roman nouveau en Espagne", *Revue du Monde Latin*, 25 de julio de 1884, pp. 348-367 (contiene algunos trozos traducidos de *Pedro Sánchez*).

Pardo Bazán, Emilia   "El *Pedro Sánchez*, de Pereda", *El Liberal*, 17 de marzo de 1884.

Charro Hidalgo y Díaz, A.   "D. José María de Pereda", *Revista Contemporánea*, 15 de abril de 1884, pp. 333-351.

Alfonso, Luis   "Cartas son cartas" (sobre *La cuestión palpitante* de E. Pardo Bazán, y su clasificación de Pereda), *La Época*, 31 de marzo de 1884.

Alas, Leopoldo ("Clarín")   *El Día*, 27 de enero de 1884.

Olarán, Ricardo   *El Aviso*, 1 de febrero de 1884.

Alfonso, Luis   *La Época*, 4 de enero de 1884.

Anónimos

"León Leonardo de la Leonera"   *El Español*, (Santa Clara) 18 de mayo de 1884.
El Noticiero, 26 de diciembre de 1883.
Madrid Cómico, 1 de abril de 1883. (Dibujo a toda

página de P., con los conocidos versos: "Montañés sencillo y franco / que no cesa de correr /
De Santander a Polanco / de Polanco a Santander".)
"Manifestaciones en loor de Pérez Galdós", *El Imparcial*, 27 de marzo de 1883.
Revista de España, 10 de enero de 1884, pp. 153-155.
"Lo de Coteruco", *La Fe*, 15 de diciembre de 1884.
La Época, 24 de diciembre de 1883.
La Ilustración Católica, 15 de abril de 1883.

SOTILEZA (1885)

Siles, José de	*La Época*, 2 de marzo de 1885 (También en el mismo número el primer capítulo de *Sotileza*, encabezado con "Crisálida", *sic*.)
Menéndez Pelayo, M.	*La Época*, 23 de marzo de 1885.
Alas, Leopoldo ("Clarín")	*El Globo*, 20 de abril de 1885.
Medina, León	*La Unión*, 2 de marzo de 1885.
Ortega Munilla, José	"Apuntes sobre Galicia" (hay alusión a *Sotileza*), *El Imparcial*, 5 de octubre de 1885.
Ortega Munilla, José	"Al Sr. D. José María de Pereda", *Los Lunes* de *El Imparcial*, 23 de febrero de 1885.
Botella, Cristóbal	*El Noticiero*, 2 de marzo de 1885 (en el mismo número aparece el prólogo de P. a *Sotileza*), "A mis contemporáneos de Santander que aún vivan".
Botella, Cristóbal	*El Noticiero*, 9 de marzo de 1885.
Sierra, Eusebio	"Sotileza" (poema sobre la protagonista), *Madrid Cómico*, 5 de abril de 1885.
Guevara, Fernando	"Al Sr. D. José María de Pereda en Portugal", *La Ensalada*, 7 de junio de 1885.
Navarro, F. Benicio	*Revista Crítica*, 1 de abril de 1885, pp. 3-13 (cuenta entre los artículos más largos sobre *Sotileza*).
Olarán, Ricardo	"Confidencias", *El Aviso*, 7 de marzo de 1885.
Menéndez Pelayo, Enrique	"Carta a Fernando Pérez del Camino", *El Aviso*, 25 de agosto de 1885. (Se trata de un poema con motivo del cuadro de Camino, "¡Jesús y adentro!")
Río, José Antonio del	*El Correo de Cantabria*, 25 de febrero, 4, 9 y 16 de marzo de 1885.
Muñoz y Trugeda, A.	"Menéndez Pelayo, Pereda, Pérez Galdós - Siluetas de verano", *La Voz Montañesa*, 19 de agosto de 1885.
Landa, S.	*La Voz Montañesa*, 15 de marzo de 1885.
Pardo, Manuel	*El Complutense*, 15 de marzo de 1885.
Quintanilla, José María ("Pedro Sánchez")	"Sr. D. José María de Pereda" (carta abierta sobre *Sotileza*), *Diario de Oviedo*, 12 de marzo de 1885, y *El Aviso*, 19 marzo 1885.
Sarda, J.	"J. M. de Pereda - *Sotileza*", *La Ilustración Catalana*, 15 de febrero de 1885 (con retrato).
Gonzaga, Luis	*La Dinastía*, 8 de marzo de 1885.
Miquel y Badía, F.	*Diario de Barcelona*, 5 de mayo de 1885.

119

Quesnel, Leo	"Littérature espagnole contemporaine - M. María José de Pereda" (*sic.*), *Revue Politique et Littéraire*, 19 de septiembre de 1885, pp. 372-376.
Lara Pedraja, Antonio ("Orlando")	"La última novela de Pereda", *Revista de España*, 25 de marzo de 1885, núm. 410, tomo CIII, cuaderno 2.º, págs. 319-328.
Madrazo, Albino ("Albino")	*Boletín de Comercio*, 3, 4 y 6 de marzo de 1885.
Anónimos	*La Fe*, 6 de abril de 1885.
"A.J.V."	*La Fe*, 9 de marzo de 1885.
	La Fe, 5 de junio de 1885.
	"Manifestación en honor de Pereda" (homenaje con motivo de la publicación de *Sotileza*), *La Unión*, 26 de marzo de 1885.
"Querubín de la Ronda"	*La Ilustración Universal*, 15 de marzo de 1885. (Es interesante por ser la única reseña desfavorable de *Sotileza*, llevándole la contraria a Menéndez Pelayo y a otros críticos importantes.)
	"Homenaje a Pereda", *El Aviso*, 5 de marzo de 1885. También en *El Aviso*, 10 y 26 de marzo de 1885.
	La Caricatura, 26 de enero de 1885 (caricatura a toda página de P.).
	El Correo de Cantabria, 11 de marzo de 1885.
	El Correo de Cantabria, 25 de marzo de 1885 (sobre una serenata obsequiada a P. por la sociedad *Los Bandos*).
	El Correo de Cantabria, 17 de agosto de 1885 (sobre el cuadro ¡*Jesús y adentro!*)
	El Progreso de Santander, 10 de marzo de 1885 (sobre el aludido cuadro y el homenaje).
	El Progreso de Santander, 26 de marzo de 1885 (sobre la serenata de *Los Bandos*).
	Los Bandos, 22 y 29 de marzo de 1885 (sobre 'a serenata).
	Los Bandos, 1 de marzo de 1885.
	"Homenaje a D. José María de Pereda", *El Cántabro*, 20 de marzo de 1885.
	El Ebro, 8 de marzo de 1885.
"S.M.G."	*La Crónica de León*, 18 de abril de 1885.
"Tántalo"	*La Opinión*, 12 de marzo de 1885.
	"Viva Pereda", *El Liberalito*, 5 de abril de 1885.
	Las Provincias, 7 de marzo de 1885.
	El Fusilis, 3 de abril de 1885 (con retrato).
	El Busilis, 6 de marzo de 1885.
	"La bahía de Santander", *La Fe*, 24 de agosto de 1891.
	"Sotileza", *El Eco Montañés* (Habana), 4 de noviembre de 1900 (con grabado, "Sotileza", por E. Martínez Abades).

LA MONTÁLVEZ (1888)

Alfonso, Luis	*La Dinastía*, 22 de julio de 1888.
Coloma, Luis	*El Pensamiento Gallego*

Urrecha, Federico

El Porvenir Vascongado, 6 de marzo de 1888.

Rodríguez La Orden, J.

"Carta abierta a un mi amigo que está en Cóbreces", *La Unión Mercantil e Industrial*, 16 de marzo de 1888 y 10 de abril de 1888, publicada también la segunda carta en *El Baluarte*, 13 de abril de 1888, y la primera en *El Baluarte*, 17 de marzo de 1888.

López Bustamante, A.

La Libertad, 6 de febrero de 1888.

Muñoz-Serrano, B.

Diario de Calatayud, 5 de junio de 1888.

Pérez Galdós, B.

"Un juicio sobre Pereda", *El Correo*, 1 de abril de 1888. Se publicó también en *La Patria* (México), en "un periódico de Buenos Aires", y en *La Fe*, 27 de octubre de 1888.

Medina, León

La Unión Católica, 11 de abril de 1888.

Alas, Leopoldo ("Clarín")

Artículo sobre *La Montálvez* en 4 partes, *La Justicia*, 13, 14 y 18 de febrero de 1888.

Ortega Munilla, J.

Los Lunes de *El Imparcial*, 12 de marzo de 1888 (se ofrece un esbozo de Pereda, partiendo de *La Montálvez*).

Quintanilla, José María ("Pedro Sánchez")

La Época, 20 y 30 de enero y 3 de marzo de 1888. *El Atlántico*, 2 de enero de 1888.

Menéndez Pelayo, Enrique ("Casa-ajena")

"Retratos montañeses - José María de Pereda", *El Atlántico*, 2 de abril de 1888.

Gil Ossorio y Sánchez, R.

Revista de España, 29 de febrero de 1888 y *El Atlántico*, 12 de marzo de 1888 (es recensión larga).

Olarán, Ricardo

"Carta-abierta a "Casa-ajena" [E. Menéndez Pelayo], *El Atlántico*, 23 de enero de 1888.

Menéndez Pelayo, Enrique ("Casa-ajena")

El Atlántico, 16 de enero de 1888.

Cortón, Antonio

"Pereda y *La Montalvez*", *El Buscapié* (Puerto Rico), 25 de marzo de 1888.

Sosa, Francisco

Pabellón Nacional (México), 6 de marzo y 29 de abril de 1888.

Duque y Merino, D.

El Correo Español (Habana), 29 de febrero de 1888.

Rubio y Lluch, A.

Correo de las Aldeas (Bogotá), 18 de octubre de 1888.

Miquel y Badía, F.

Diario de Barcelona, 8 de febrero de 1888.

Liniers, Santiago de

La Unión Católica, 1 de mayo de 1888.

Yxart, José

La Vanguardia, 22 de marzo de 1888.

Rueda, Salvador

El Globo, 20 de febrero de 1888 (interesantísimo artículo, aunque algo descaminado; acercamiento a P. y *La Montálvez* mediante una comparación con Bécquer).

Bolado y Zubeldía, F. ("Farsani")

El Aviso, 10 de enero y 2 de febrero de 1888.

Madrazo, Albino ("Albino")

Boletín de Comercio, 22, 25 y 26 de enero de 1888.

Fernández Juncos, Manuel

La Revista Portorriqueña, 1 de marzo de 1888.

Pereda, José María

Comunicado al director de *El Atlántico*, 22 de enero de 1888.

Bolado y Zubeldía, F. ("Farsani")

"El proceso de Pereda, o juicio oral de *La Montálvez*", Álbum de *El Aviso*, 1888.

Anónimos

Las Provincias, 28 de enero de 1888.
El Resumen, 10 de enero de 1888 (incluye tam-

bién el texto de los primeros párrafos de la novela).

"D. Félix de Montemar"   *El Noticiero*, 19 y 26 de marzo; 2, 9 y 23 de abril de 1888.

"Armónico"   *La Paz*, 10 de abril de 1888.

"Porthos"   "¡Alto el fuego!", *El Ebro*, 29 de enero de 1888.

"Matica"   *El Impulsor* (Torrelavega), 5 de febrero de 1888. *El Atlántico*, 10 de enero de 1888.

"L.L. de L."   "El Cervantes montañés", *El Atlántico*, 31 de mayo de 1888.

"La novela", *El Atlántico*, 12 de febrero de 1888 (breve noticia de una sátira literaria intitulada *Casa editorial* que alude a novelas de P. (*La Montálvez*), Galdós, Alarcón y Valera).

"Fulano"   *El Correo de Cantabria*, 1 de febrero de 1888. *El Correo de Cantabria*, 28 de marzo de 1888.

"Pepe"   "Pacotilla - al insigne autor de *La Montálvez*", *La Voz Montañesa*, 14 de enero de 1888.

LA PUCHERA (1889)

Royo Villanova, Luis   "D. José María de Pereda y su última obra", *Boletín de Comercio*, 27 y 28 de febrero y 1 de marzo de 1889. También en *La Derecha*, 1 de febrero de 1889.

Pérez Nieva, A.   *El Correo de Cantabria*, 29 de marzo de 1889.

Quintanilla, José María ("Pedro Sánchez")   *El Atlántico*, 29 de enero de 1889. *El Día*, 25 de marzo de 1889.

Menéndez Pelayo, M.   *El Atlántico*, 12 de febrero de 1889. *El Correo*, 10 de febrero de 1889.

Zahonero, José   "Mesa Club", *El Atlántico*, 26 de octubre de 1889.

Miquel y Badía, F.   *Diario de Barcelona*, 13 de febrero de 1889.

Quintanilla, José María ("Pedro Sánchez")   "Lo de mi tierra. Carta larga dirigida a un crítico extranjero", *El Atlántico*, 24 de noviembre de 1889.

Alfonso, Luis   *La Dinastía*, 19 de marzo de 1889.

Sardá, J.   *La Vanguardia*, 3 de febrero de 1889.

Pérez, Dionisio   *Diario de Cádiz*, 24 y 26 de abril de 1889.

Alas, Leopoldo ("Clarín")   "Revista mínima", *La Publicidad*, 8 de marzo de 1889.

"Palique", *Madrid Cómico*, 23 de febrero de 1889.

Benito, Lorenzo   *El Fomento* (Salamanca), 25 de enero de 1889 (este número lleva fecha de 25 de enero de 1898).

Ruiz Contreras, Luis ("Palmerín de Oliva")   *Revista Contemporánea*, 15 de febrero de 1889, pp. 245-257.

Becerro y Cabeza de Vaca, M.   *La Patria*, 7 de julio de 1889.

Medina, León   *La Unión Católica*, 18 de marzo de 1889.

Gómez de Baquero, E.   *La Época*, 25 de enero de 1889.

Pérez Nieva, A.   *El Globo*, 24 de marzo de 1889.

Ortega Munilla, J.   *Los Lunes* de *El Imparcial*, 4 de febrero de 1889.

Urrecha, Federico   "Carta de un marmitón a un jefe de cocina", *Los Madriles*, 26 de enero de 1889.

Bustillo, Eduardo   "La puchera" (poema), *Madrid Cómico*, 2 de marzo de 1889.

Anónimos "Miquis"	*El Atlántico*, 27 de febrero de 1889 ("Habladurías"). "Algo sobre *La puchera*", *El Aviso*, 7 de marzo de 1889. "Al garete" (poema sobre P.) *El Aviso*, 7 de noviembre de 1889. "Pereda y los críticos", *El Atlántico*, 11 de marzo de 1889. *El Correo de Cantabria*, 23 de enero de 1889.
"Sardinero"	"El caldo", *El Atlántico*, 3 de febrero de 1889. *La Fe*, 24 de enero de 1889. "Pereda en el Ateneo", *El Atlántico*, 9 de abril de 1889. *El Atlántico*, 15 de enero de 1889, y *Las Provincias*, 19 de enero de 1889.
"Pickwick"	"La puchera - rapsodia encomiástica", *El Atlántico*, 25 de enero de 1889. Carta a D. F. Miquel y Badía (sobre *La puchera*) *El Diario de Barcelona*, 12 de febrero de 1889.
"Ludovico Bermejo" "Federico Bermejo"	*La Avispa*, 23 de enero de 1889. *La Avispa*, 30 de enero de 1889. *La Unión Católica*, 19 de octubre de 1889. *El Resumen*, 20 de enero de 1889 (se reproducen también unas págs. del cap. "Arroz y gallo muerto").
"D. Félix de Montemar"	*El Noticiero*, 9 de marzo de 1889. "Pereda y la justicia histórica", *El Resumen*, 19 de abril de 1889.

NUBES DE ESTIO (1891)

Ortiz de la Torre, A. Pradera, Víctor	*El Correo*, 20 de febrero de 1891. "La novela del enfado", *El Correo Español*, 24 de febrero de 1891.
Urrecha, Federico	Sobre la polémica entre P. y Pardo Bazán, *Los Lunes* de *El Imparcial*, 23 de febrero de 1891. Sobre la misma polémica, *Los Lunes* de *El Imparcial*, 2 de marzo de 1891.
Alas, Leopoldo ("Clarín")	*La Correspondencia de España*, 22 y 29 de marzo de 1891.
Ossorio y Gallardo, C.	"Los chicos de la prensa" (sobre el título y *Nubes de estío*), *El Resumen*, 22 de febrero de 1891.
Alfonso, Luis	"La novela del enfado", *La Época*, 20 de febrero de 1891.
Quintanilla, José María ("Pedro Sánchez") Olarán, Ricardo	*El Atlántico*, 30 de enero y 7 de marzo de 1891. "Epístola - A Juan Fernández", (a raíz del artículo de "Pedro Sánchez" sobre *Nubes de estío*) *El Atlántico*, 17 de febrero de 1891.
Miquel y Badía, F. Olea, Enrique de ("Zuribiotz") Cacheiro Cardama, M.	*Diario de Barcelona*, 11 y 18 de marzo de 1891. *El Basco*, 22 de marzo de 1891. *El Pensamiento Gallego*, 1 y 8 de abril de 1891.

Morales San Martín, B. "El centralismo literario" (sobre Pardo Bazán y *Nubes de estío*) *El Correo de Valencia*, 17 de febrero de 1891.

Huidobro, M. R. *La Opinión*, 14 de febrero de 1891.

Zurita Nieto, B. "Los chicos de la prensa" (sobre *Nubes de estío* y los artículos publicados en *El Resumen* y *El Heraldo de Madrid*) *La Crónica Mercantil*, 27 de febrero de 1891.

Lozano Monforte, Enrique *La Derecha*, 24 de febrero de 1891.

Prieto Sánchez, Emilio *Diario de Cádiz*.

Zumelzu, José *El Atlántico*, 31 de enero de 1891.

Bolado y Zubeldía, F. ("Farsani") *El Aviso*, 15 de febrero y 3 de marzo de 1891.

Pardo Bazán, Emilia "Los resquemores de Pereda", *El Imparcial*, 9 de febrero de 1891.

Villegas, Francisco ("Zeda") *La Libertad*, 9 de abril de 1891.

Trilles, Ramón *Barcelona Cómica*, 23 de abril de 1891.

Segura, Fernando *La Semana Cómica* (Barcelona), 6 de marzo de 1891.

Bobadilla, Emilio ("Fray Candil") *La Discusión* (La Habana), 25 de mayo de 1891.

Anónimos "Los novelistas españoles en los Estados Unidos", *El Correo*, 22 de junio de 1891 (traducción de un artículo publicado en *The Nation*, 30 de abril de 1891, referido a novelas recientes de Galdós, Pereda y Palacio Valdés. La de P. es *Nubes de estío*). También en *El Atlántico*, 24 de junio de 1891.

"Z" "La guerra de los tinteros y la última novela de Pereda", *El Movimiento Católico*, 23 de febrero de 1891.
"D. José María de Pereda" (*La Montálvez* y *Nubes de estío*) *La Unión Católica*, 27 de febrero de 1891.
"Crónica literaria", *El Heraldo de Madrid*, 1 de diciembre de 1891 (menciona brevemente el dibujo para el sepulcro del "castellano de Luanco" —*sic*.— hecho por Galdós). También en *El Resumen*, 1 de diciembre de 1891.
"Entre paréntesis", *Boletín de Comercio*, 3 y 6 de febrero de 1891.
La Patria Gallega, 15 de junio de 1891 (sobre *Nubes de estío* y una carta de P. a Cabeza León referida al homenaje a Rosalía de Castro).

"Rebezo" Sobre *Nubes de estío* y la censura de "Fray Candil", *El Eco Montañés* (Habana), 10 de mayo de 1891.
La Veu de Catalunya, 15 de febrero de 1891 (traducción al catalán del capítulo de P. intitulado "Palique", bajo el título "Te la paraula'l senyor Pereda". Se publicó también en *Lo catalanista*, 8 de marzo de 1891.
"Dimes y diretes", *Europa y América* (París) 15 de marzo de 1891 (sobre P. y Pardo Bazán y su polémica).

AL PRIMER VUELO (1891)

Ortiz de la Torre, A.	*El Correo*, 24 de mayo de 1891.
Eguía Ruiz, Justo	"Audacia literaria - *Al primer vuelo*", *El Adalid*, 13 de mayo de 1891.
Bustillo, Eduardo	"*Al primer vuelo* - A J. M. de Pereda" (breve poema), *Madrid Cómico*, 30 de mayo de 1891.
Muiños Saenz, Fr. Conrado	"La crítica de *Pequeñeces* y pequeñeces de la crítica", *La Ciudad de Dios*, 20 de abril de 1891, pp. 571-589.
Miguélez, Padre M. F.	"Pereda - *Al primer vuelo*", *La Ciudad de Dios*, 5 de junio de 1891, pp. 215-226.
Alfonso, Luis	*La Época*, 20 de junio de 1891.
Bolado Zubeldía, F. ("Fermín")	*El Aviso*, 6 de junio de 1891.
Zumelzu, José	*El Atlántico*, 31 de enero de 1891 y 15 de mayo de 1891.
Quintanilla, José María ("Pedro Sánchez")	*El Atlántico*, 7 y 10 de mayo de 1891.
Miquel y Badía, F.	*Diario de Barcelona*, 2 de septiembre de 1891.
Olea, Enrique de ("Zuribiotz")	*El Basco*, 24 de marzo de 1891.
Anónimos	"*Al primer vuelo* - última novela de Pereda", *El Resumen*, 13 de mayo de 1891 (firmado "Un chiquillo de la prensa", probablemente C. Ossorio y Gallardo).
"Vimar"	*La Dinastía*, 8 de julio de 1891.
	La Unión Vascongada, 17 de mayo de 1891.
	Las Provincias, 12 de mayo de 1891.

PEÑAS ARRIBA (1895)

Quintanilla, José María ("Pedro Sánchez")	"La moraleja de *Peñas arriba*", *La Atalaya*, 6 de febrero de 1895.
Rodríguez de Uceta, A.	"Remitido" (carta sobre *Peñas arriba*), *La Atalaya*, 8 de febrero de 1895.
Alonso, Román	*La Atalaya*, 22 y 23 de febrero de 1895.
Redonet, Luis	*La Atalaya*, 27 y 28 de febrero de 1895.
Solano, Ramón de	*El Atlántico*, 1 y 3 de enero de 1895 (se publicó también en *El Siglo Futuro*).
Ríos y Ríos, Angel de los	"Otra carta abierta y pecho no cerrado" (carta a P.) *El Atlántico*, 6 de febrero de 1895.
Escalante, Amós de ("Juan García")	Soneto sobre *Peñas arriba*. *El Atlántico*, 3 de marzo de 1895.
Ríos y Ríos, Angel de los	"*Peñas arriba*", *El Atlántico*, 18 de febrero de 1895.
Quintanilla, José María ("Pedro Sánchez")	"De *Peñas arriba*", *El Atlántico*, 1 de febrero de 1895.
Blanco García, Francisco	*La Ciudad de Dios*, 5 de marzo de 1895.
Urrecha, Federico	"El hidalguete de Provedaño", *El Imparcial*, 25 de febrero de 1895.
	El Imparcial, 11 de febrero de 1895.
Alas, Leopoldo ("Clarín")	*Los Lunes* de *El Imparcial*, 18 de febrero de 1895.

125

López de Gurrea, L.   "Arte y letras" (sobre *Peñas arriba*). *Madrid Científico*, núm. 20, 1895.

Bustillo, Eduardo   "Peñas arriba" (poemas). *Madrid Cómico*, 16 de febrero de 1895.

Castro, Rafael F. de   *Diario Catalán*, 22 de mayo de 1895.

Villegas Rodríguez, Emilio   "Pereda y su último libro - *Peñas arriba*", *El Pensamiento Galaico*, 1 2 y 3 de mayo de 1895.

Omar y Barrera, Claudio   *La Vanguardia*, 22 de febrero de 1895.

Mújica, P. de   *El Noticiero Bilbaíno*, 15 de febrero de 1895.

Cetina, Iñigo de   *El Basco* (Bilbao) 28 de febrero de 1895.

Ortiz de la Torre, A.   *La Unión Vascongada* 18 de febrero de 1895.

Grillo, Maximiliano   *Revista Gris* (Bogotá) agosto de 1895, tomo 3.º, entrega 3.ª (se publicó también en *La Miscelánea*, de Medellín).

Alas, Leopoldo, ("Clarín")   *Las Novedades* (Nueva York) 23 de febrero de 1895.

    Las Novedades (Nueva York) 2 de marzo de 1895.

García, Domingos Fernando   *Jornal do Comércio* (Lisboa) 13 de noviembre de 1895.

Quintanilla, José María ("Pedro Sánchez")   "Carta segunda - Sr. D. José María de Pereda", *El Atlántico*, 5 de julio de 1886.

Miquel y Badía, F.   *Diario de Barcelona*, 12 de febrero de 1895.

Navarro y Ledesma, F.   *El Globo*, 15 de febrero de 1895.

Lluch Rissech, J.   *La Vanguardia*, 3 de junio de 1895.

Cavia, Mariano de   *El Liberal*, 31 de enero de 1895.

Villegas, Francisco ("Zeda")   *La Época*, 2 de febrero de 1895.

Gómez de Baquero, E. ("Andrenio")   *La España Moderna*, abril de 1895.

Figueroa, Marqués de   *La Ilustración Española y Americana*, 22 de abril de 1895.

Anónimos   *El Atlántico*, 27 de diciembre de 1894.

    El Correo Español, 31 de diciembre de 1894.

"Emeterio de Pedreña"   "El precio de *Peñas arriba*", *La Atalaya*, 7 de febrero de 1895.

    "Resurrección", *La Voz Montañesa*, 20 de febrero de 1895.

    "Petición de indulto. El Sr. de Provedaño", *La Voz Montañesa*, 10 de mayo de 1895. También en *El Cantábrico*, 16 de junio de 1895, y *El Atlántico*, 15 de junio de 1895.

    Poema sobre *Peñas arriba*, *La Voz Montañesa*, 16 de marzo de 1895.

    La Voz Montañesa, 1 y 28 de enero de 1895.

    La Región Cántabra, 7 de febrero de 1895.

    "Pereda y los montañeses", *La Región Cántabra*, 4 de febrero de 1895 (firmado "Trementorio", (*sic.*)

    La Región Cántabra, 31 de enero de 1895.

    "Pereda en Bilbao", *La Región Cántabra*, 27 de septiembre de 1895.

    "Una fiesta en Polanco", *La Región Cántabra*, 26 de enero de 1895. y *El Atlántico*, 26 de enero de 1895.

    Boletín de Comercio, 5 de febrero de 1895.

"Tarjeta postal - A Federico Urrecha" (refutan
do la afirmación de éste que P. "se retrata en
el personaje del señor de la torre de Provedaño") *Boletín de Comercio*, 13 de febrero de
de 1895 y *El Atlántico*, 13 de febrero de 1895.

"Colas"   *La Atalaya*, 19 de febrero de 1895.

"En tres semanas" (sobre la venta de 5.000 ejemplares de *Peñas arriba* en 21 días) *El Atlántico*,
19 de febrero de 1895.

"El hidalgo de Provedaño", *El Atlántico*, 18 de
febrero de 1895.

"S. Regúlez Deicidor"   "Cartas íntimas - la última novela de Pereda",
El Globo, 4 de febrero de 1895.

"Moneda corriente - Cara" (poema que alude a
Peñas arriba) *El Imparcial*, 23 de febrero de
1895.

"Kasabal"   *La Correspondencia de España*, 31 de enero de
1895.

"Mambrú"   *La Unión Católica*, 11 de febrero de 1895.

"Cesaldo"   *El Movimiento Católico*, 29 de enero de 1895.

Lo Verde, 6 de febrero de 1895.

"Zeda"   "Peñas arriba", *La Época*, 11 de febrero de 1895.

"Kasabal"   *Nuevo Mundo*, 14 de marzo de 1895 (este número
de *Nuevo Mundo* está dedicado casi por com-
pleto a P.).

La Topografía Moderna, 1 de febrero de 1895.

"*Peñas arriba* y la patria petita", *La Renaixensa*, 13 de marzo de 1895.

"Domingo de Ramos"   *La Integridad*, 26 de febrero de 1895

Diario de Avisos, 6 de febrero de 1895.

"José G. Ceballos"   "Madrid en enero" (sobre P., *Peñas arriba* y otras
novelas). *España Ilustrada*, 31 de enero de 1895.

La Unión Mercantil e Industrial, 14 de febrero
de 1895 (se transcriben algunas páginas de la
novela).

NUEVO MUNDO   *Nuevo Mundo*, 14 de marzo de 1895. Número especial dedicado a P. cuya publicación coincide
con el auge conseguido por *Peñas arriba*. Contiene artículos, notas, grabados y autógrafos.
Las materias son:

Becerro de Bengoa, R.   "Iglesia y pila en que fue bautizado D. José María de Pereda"

Becker, Jerónimo   "El amor a la naturaleza".

Sánchez Pérez, A.   "Pereda crítico".

Menéndez Pelayo, M.   "Don José María de Pereda".

Perojo, José del   "Pereda, gran cronista".

Pérez Galdós, B.   "Don José María de Pereda".

PACHÍN GONZÁLEZ (1896)

Bustillo, Eduardo   "A Pachín González" (poema) *Madrid Cómico*,
29 de febrero de 1896.

Alas, Leopoldo ("Clarín")   "Palique" (sobre *Pachín González* y probable
residencia de P. en Madrid, *Heraldo de Ma-
drid*, 4 de marzo de 1896).

127

Alas, Leopoldo ("Clarín").   *Los Lunes* de *El Imparcial*, 11 de mayo de 1896.
Cavia, Mariano de   "Dos cartas nuevas del caballero de la tenaza", *Heraldo de Madrid*, 15 de marzo de 1896.

Urrecha, Federico   *Heraldo de Madrid*, 29 de febrero de 1896.
   Heraldo de Madrid, 19 de abril de 1896.

Huidobro, Eduardo de   *La Atalaya*, 23 de febrero de 1896.
Solís, E. R.   *El Cantábrico*, 26 de febrero de 1896.
Solano, Ramón de   "*Pachín González*, de Pereda", *El Atlántico*, 24 de febrero de 1896.

Duque y Merino, D.   *El Atlántico*, 29 de febrero de 1896.
Quintanilla, José María   *El Atlántico*, 28 de febrero de 1896.
("Pedro Sánchez")
Omar y Barrera, Claudio   *La Veu de Catalunya*, 10 de mayo de 1896.
Miquel y Badía, F.   *Diario de Barcelona*, 4 de marzo de 1896.
Fox, Conde de   "Brumas montañesas - *Pachín González*", *El Cantábrico*, 31 de octubre de 1896.

Martínez Ruiz, José   *El Globo*, 26 de noviembre de 1896 (firmado "Cándido").
("Azorín")
Iriarte de la Banda, F.   "La nueva obra de Pereda" (*Pachín González*), *El Correo de Cantabria*, 26 de febrero de 1896.

Anónimos   *Revista Contemporánea*, 29 de febrero de 1896.
   Nuevo Mundo, 20 de febrero de 1896.
"Mambrú"   *La Unión Católica*, 27 de febrero de 1896.
"A. Marzo"   *Heraldo de Madrid*, 24 de febrero de 1896.
"Ese"   *La Lectura Dominical*, 22 de marzo de 1896.
   "D. José María de Pereda", *La Unión Católica*, 19 de febrero de 1896 (sobre *Pachín González* y el artículo de Hannah Lynch - *El Atlántico*, 26 de noviembre de 1895).
"Cándido"   *El Globo*, 26 de febrero de 1896. "
"Eneas"   *El Correo Español*, 22 de febrero de 1896.
   El Aviso, 22 de febrero de 1896.
   Cold Cream (Santander), 23 de febrero de 1896.
   Páginas Dominicales (Santander), 1 de marzo de 1896.
"El tío Paco"   *La Voz Montañesa*, 21 de febrero y 23 de marzo de 1896
   "De un montañés..." (sobre el aludido artículo de Hannah Lynch) *El Cantábrico*, 17 de febrero de 1896.
"D"   *El Cantábrico*, 27 de febrero de 1896.
   La Unión Vascongada, 21 de febrero de 1896.
   Las Provincias, 28 de febrero de 1896.

Noticias de tipo general - Viajes, homenajes, P. en la Academia.
Fallecimiento de Pereda

Delgado, Sinesio	"Nuestros novelistas, José María de Pereda", *Madrid Cómico*, 1 de abril de 1883.
Muñoz y Trugeda, A.	"Menéndez Pelayo, Pereda, Pérez Galdós - Siluetas de verano", *La Voz Montañesa*, 19 de agosto de 1885.
Barcía Caballero, J.	"Un saludo" (sobre P. y Galdós en Santiago de Compostela) periódico gallego, 1885.
Quintanilla, José María ("Pedro Sánchez")	*El Atlántico*, 26 de noviembre y 1 de diciembre de 1891 (noticias generales).
	"Pereda y su sepulcro", *El Atlántico*, 4 de diciembre de 1891.
	"Pereda y el baile", *El Atlántico*, 12 de marzo de 1892 (transcribe el texto de *La fisiología del baile* porque "ha vuelto a ser actualidad").
Agüero Sánchez Tagle, T.	"A Don José María de Pereda, con motivo de su artículo *El fin de una raza*" (soneto) *El Aviso*, 29 de junio de 1882.
Balbín de Unquera, A.	"Trueba y Pereda - estudio crítico literario", *La Ilustración Cantábrica*, 18 de julio de 1882.
Quintanilla, José María ("Pedro Sánchez")	"Pereda en Barcelona", *El Atlántico*, 13 de mayo de 1892.
	"El discurso de Pereda", *El Atlántico*, 17 de mayo de 1892.
Pérez de Camino, F.	"De Barcelona - a Pedro Sánchez" (sobre los *Juegos florales*), *El Atlántico*, 20 de mayo de 1892.
Menéndez Pelayo, Enrique	"Retrato de Pereda", *La Publicidad*, 3 de junio de 1892, y *La Vanguardia*, 5 de mayo de 1892 (publicado antes en su libro *De Cantabria*).
Ruiz Sierra, Joaquín	"Y dale...", *La Voz Montañesa*, 29 de agosto de 1892.
Quintanilla, José María ("Pedro Sánchez")	"Por gratitud" (elogio de P. al momento de regresar éste a Santander), *El Atlántico*, 30 de mayo de 1892.
Sardá, J.	"D. Joseph María de Pereda", *La Veu de Catalunya*, 8 de mayo de 1892.
Verdaguer Callis, N.	"L'adeu del senyor Pereda", *La Veu de Catalunya*, 29 de mayo de 1892.
Roca y Roca, J.	Sobre los *Juegos florales* y el regionalismo de P., *La Vanguardia*, 16 de mayo de 1892.
Galán, J.	"Pereda en Tarragona", *El Ateneo Tarraconense*, núm 2, mayo de 1892.
Menéndez Pelayo, Enrique	"Semblanza de Pereda" *La Publicidad Artística y Literaria*, 2 de abril de 1893.
Duque y Merino, D.	"Tarde ganada" (una tarde en casa de P.) *El Atlántico*, 1 de julio de 1893.
Sierra, Urbano	"Noticias del correo" (el banquete para Galdós) *Diario de Manila*, 27 de abril de 1893.

Alas, Leopoldo ("Clarín")	"Pompas y vanidades" (sobre la vacante en la Real Academia de la Lengua y los candidatos más aproximados) *Madrid Cómico*, 3 de mayo de 1890.
	"Palique", *Madrid Cómico*, 6 de septiembre de 1890.
Quintanilla, José María ("Pedro Sánchez")	"Gacetilla - Adhesión y protesta" (sobre "Pompas y vanidades", de "Clarín") *El Atlántico*, 8 de mayo de 1890.
	"Dos obras de Gomar" (en el despacho de P.) *El Atlántico*, 9 de noviembre de 1890.
	"Noticias literarias", *El Atlántico*, 25 de mayo de 1890.
Colongues Klimt, J.	"Por lo que valga", *El Atlántico*, 17 de abril de 1890 (se publicó el día anterior un artículo de P. con el mismo título).
Pérez, Dionisio	"Revista literaria - de la novela española contemporánea", *La Dinastía*, 29 de mayo de 1890.
Murga, Alfredo	"Fechas memorables - enero de 1885. Publícase *Sotileza*", *El Noticiero Sevillano*, 16 de enero de 1894.
	"La resurrección de Pereda (de *Sotileza* a *Pedro Sánchez*)", *El Noticiero Sevillano*, 19 de agosto de 1894.
Navarro, Rafael	"Siluetas literarias contemporáneas - D. José María de Pereda", *La Libertad*, 26 de abril de 1895.
Quintanilla, José María ("Pedro Sánchez")	"Carta segunda - Sr. D. José María de Pereda", *El Atlántico*, 5 de julio de 1886.
	"Carta abierta - Sr. D. José María de Pereda", *El Atlántico*, 14 de junio de 1886.
Campión, Arturo	"D. José María de Pereda y la novela picaresca contemporánea", *El Atlántico*, 27 de diciembre de 1886.
Vidal de Valenciano, C.	"El sabor de la tierruca", *La España Regional*, 9 de abril de 1886.
Fernández Juncos, Manuel	"Fragmentos de un libro inédito - Santander", *El Buscapié* (Puerto Rico), 22 de agosto de 1886.
Roca de Togores, A.	"Un libro más y algunos vicios menos" (Pereda, P. Coloma y Fernán Caballero), *La Época*, 23 de julio de 1887.
Fernández Giner, M.	"Libros" (La novela contemporánea) *El Mundo*, 25 de mayo de 1887.
Urrecha, Federico	"Sobre el "homenaje a Pereda", *Heraldo de Madrid*, 19 de abril de 1896.
Cavia, Mariano de	"Homenaje a Pereda", *El Imparcial*, 12 de abril de 1896.
Peña y Goñi, A.	"Fernanflor" (P. y su candidatura a la R. A. E.), *El Diario de Bilbao*, 15 de marzo de 1896.
Segura, Fernando	"Eso del regionalismo" (poema) *La Semana Cómica*, 6 de marzo de 1891.
Grafenberg, G.	"Feuilleton - Neuere Spanische Literatur", *Frankfurter Zeitung*, 6 de julio de 1896.
Otero, José de	"José María de Pereda", *La España* (Montevideo), 5 de febrero de 1896.
García Rodríguez, José	"A D. José M. de Pereda" (poema) *La Revista* (Saltillo), 1 de marzo de 1896.

Ortiz de la Torre, A.	"Un retrato de Pereda", *La Atalaya*, 15 de marzo de 1897.
Pérez Nieva, A.	"*El Cantábrico* en Madrid", *El Cantábrico*, 10 de mayo de 1896.
Cancio Mena, Juan	"Pereda", *Heraldo de Aragón*, 24 de febrero de 1897.
Galvarriato, J. A.	"Pereda" (ingreso en la R. A. E.), *La Dinastía*, 25 de febrero de 1897.
García Ladevese, E.	"Recepción en la R. A. E.", *La Nación* (Buenos Aires), 23 de marzo de 1897.
García, Fernando	"Os modernos romancistas hespanhoes", *Correio Nacional* (Lisboa), 19 de enero, 23 y 24 de marzo de 1897.
Gómez Restrepo, A.	"Una carta de Pereda" (con retrato y poemas), *Revista Nacional* (Bogotá), junio de 1897.
Comas y Blanco, A.	"Busto de P., por Susillo",*Blanco y Negro*, 9 de enero de 1897.
Menéndez Pelayo, M.	"Un juicio sobre Pereda", *El Correo Español*, 22 y 23 de febrero de 1897.
Canals, Salvador	"Las ideas de Pereda", *El Nacional*, 22 de febrero de 1897.
Soriano, Rodrigo	"Pereda en la Academia", *Los Lunes* de *El Imparcial*, 22 de febrero de 1897.
Sawa, Alejandro	"D. José María de Pereda", *Heraldo de Madrid*, 21 de febrero de 1897.
Ortiz de la Torre, A.	"El maestro Pereda", *Heraldo de Madrid*, 22 de febrero de 1897.
Santero, Antonio	"Carta abierta al Sr. D. José María de Pereda", *El Estandarte*, 4 de julio de 1897.
Madrazo, Enrique D.	"Homenaje a Pereda", *El Cantábrico*, 14 de mayo de 1904.
Quintanilla, José María ("Pedro Sánchez")	"Cómo está Pereda", *El Diario Montañés*, 10 de agosto de 1904.
León, Ricardo	"La Montálvez" (drama), *El Cantábrico*, 22 de septiembre de 1904.
Masriera, Arturo	"Pereda" (muerte) *Diario de Barcelona*, 8 de marzo de 1906.
Nogales, José	"José M.ª de Pereda", *El Ateneo*, marzo de 1906, pp. 227-230.
Zalba, J.	"D. José María de Pereda", *Diario de Navarra*, 6 de marzo de 1906.
Bello, Luis	"Pereda y los contemporáneos", *El Imparcial*, marzo de 1906.
Rodríguez de Uceta, A.	"Muerte de P.", *Archivo Católico*, XI, núm. 110, marzo 1906.
Morphy, Manuel	"Pereda", *El Comercio* (Habana), 3 de marzo de 1906.
Sedano, Aurelio F.	"Ante la tumba de Pereda" (poema) *El Deva*, núm. extraordinario, 16 de abril de 1906. "A Pereda" (poema), *El Deva*, 19 de marzo de 1906.
Espina de Serna, C.	"Del altar de San José" (poema) *El Deva*, núm. extraordinario, 19 de marzo de 1906.
Noriega, Leopoldo	"Gloria a Pereda", *El Deva*, núm. extraordinario, 19 de marzo de 1906.
Bravo, Pedro	Soneto "A Pereda", *La Atalaya*, 24 de febrero de 1900.

Cortón, Antonio	"Mi Biblioteca - Pereda", *La Vanguardia*, 10 de agosto de 1900.
Galvarriato, J. A.	"Pereda", *El Correo*, 15 de octubre de 1899.
Berrueta, Mariano de	"Pereda", *El Lábaro*, 3 de junio de 1899.
Alas, Leopoldo ("Clarín")	"Palique" (con una carta de P.), *Madrid Cómico*, 9 de abril de 1898.
Almeida, Fialho de	"José Maria de Pereda - novelista hespanhol", (Lisboa), marzo de 1906.
Anónimos	"Pereda en Barcelona", *El Atlántico*, 23 de mayo de 1892.

"Salida de P. para la Montaña", *El Atlántico*, 24 de mayo de 1892.

"Despedida del Sr. Pereda", *El Atlántico*, 29 de mayo de 1892.

"¡Bien venido!", *El Atlántico*, 3 de junio de 1892 (llegada de P. a Santander, después de los Juegos florales y texto del discurso de gracias pronunciado por P.).

"Pereda en Tarragona", *El Atlántico*, 3 de mayo de 1892 y *El Francolí*, 30 de abril de 1892; *El Correo de Cantabria*, 2 de mayo de 1892.

"Pereda en Valencia", *El Atlántico*, 29 de abril de 1892.

"Pereda en Pamplona", *El Atlántico*, 2 de junio de 1892 (firmado F. L. R.).

"¡Pereda va a venir!", *La Publicidad*, 31 de mayo de 1892 (firmado X).

"¡Bien venido!" - llegada de P. a Santander, *La Publicidad*, 3 de junio de 1892.

"Recibimiento a Pereda", *El Correo de Cantabria*, 3 y 6 de junio de 1892.

"Pereda en Zaragoza", *El Correo de Cantabria*, 1 de junio de 1892.

"Pereda en Barcelona", *Diario de Barcelona*, 24 de mayo de 1892.

"Pereda en los juegos florales", *El Noticiero Universal*, 10 de mayo de 1892.

"Don José María de Pereda", *El Noticiero Universal*, 4 de mayo de 1892.

"Noticias locales" (la comida obsequiada por P. a sus amigos de Barcelona) *El Noticiero Universal*, 24 de mayo de 1892.

"Pereda en Barcelona", *Lo Catalanista*, 1 de mayo de 1892.

"A Reveure" (despedida de P. de Barcelona) *Lo Catalanista*, 29 de mayo de 1892.

"Juegos florales", *La Vanguardia*, 9 de mayo de 1892.

"Del discurso del Sr. Roca y Roca en *La Vanguardia* sobre los Juegos florales", *El Atlántico*, 21 de mayo de 1892.

"Juan Buscón"

"Busca, buscando..." (sobre P. en Barcelona - notas de carácter) *La Vanguardia*, 24 de mayo de 1892.

"Pereda en Santander", *La Vanguardia*, 5 de junio de 1892.

"J"

"Don José M.ª de Pereda", *La Vanguardia*, 1 de mayo de 1892.

"Visita de P. a la Biblioteca-Museo Balaguer", *Boletín de la Biblioteca-Museo Balaguer*, 26 de julio de 1892.

"El banquete a Pereda" (en Tarragona) *El Pabellón Liberal*, 30 de abril de 1892.

"Crónica local - en honor de Pereda", *Diario de Tarragona*, 29 de abril de 1892.

"Notas locales" (P. en Tarragona) *El Ferrocarril*, 28 de abril de 1892.

"En honor a Pereda", *El Ferrocarril*, 1 de mayo de 1892.

"En honor al ilustre novelista D. José María de Pereda", *El Nivel*, 1 de mayo de 1892.

"En honor de Pereda", *La Opinión*, 29 de abril de 1892.

"Salida de P. para Barcelona", *La Opinión*, 30 de abril de 1892.

"Pereda, grabado y comentario", *La Tradición*, 19 de marzo de 1892.

"Pereda en Valencia", *Las Provincias*, 23 de abril de 1892.

"Artes y letras - una página de Pereda", *Las Provincias*, 10 de junio de 1892.

"Pereda en Zaragoza", *El Aragonés*, 28 de mayo de 1892.

"Pereda en Pamplona", *El Liberal Navarro*, 30 de mayo de 1892.

"El Sr. Pereda en Zaragoza", *La Derecha*, 27 de mayo de 1892.

"Enríquez"

"Una entrevista con Pereda en Polanco", *El Nervión*, 1 de agosto de 1892.

"P. en los Juegos florales", *La Renaixensa*, 9 de mayo de 1892.

"Pereda" (noticia general, con grabado) *El Correo Español*, 25 de septiembre de 1892.

"En honor a Pérez Galdós" (el banquete ofrecido a Galdós por los escritores montañeses) *El Día*, 11 de marzo de 1893 y *El Atlántico*, 10 de marzo de 1893.

"Del monumento a Cantabria" (se refiere a Pereda y a Escalante, entre otros) *La Atalaya*, 21 de enero de 1893, *El Atlántico*, 21 y 22 de enero de 1893 y *La Voz Montañesa*, 18 de enero de 1893.

"Dos dimisiones" (P. y M. Menéndez Pelayo ruegan que se admita su dimisión de la comisión encargada del concurso para el monumento a Cantabria), *El Atlántico*, 11 de enero de 1893. También sobre el monumento, *El Atlántico*, 10 y 17 de enero de 1893.

"Oller en la *Tierruca*", *El Atlántico*, 26 de junio de 1893.

"Una gira" (Oller en la Montaña) *El Atlántico*, 28 de junio de 1893.

"Crónicas" (el banquete ofrecido a Galdós) *Boletín de Comercio*, 10 de marzo de 1893. *La Voz Montañesa*, 10 de marzo de 1893, y *El Eco Montañés*, 8 de abril de 1893.

"Crónicas" (Oller en Santander) *Boletín de Comercio*, 28 de junio de 1893.

"Pacotilla", *La Voz Montañesa*, 12 de marzo y 29 de junio de 1893.

"Patricio Rigüelta" "Contestación del coalicionista de allá al coalicionista de acá", *La Unión Vascongada*, 19 de febrero de 1893.

"Pereda en el Ateneo", *El Atlántico*, 9 de abril de 1889.

"La Montaña" (sobre el álbum de dibujos fotograbados por F. Pérez del Camino y Victoriano Polanco - ver la sección de *Prólogos*), *El Atlántico*, 30 de mayo de 1889.

"Biografías contemporáneas", *Sancho Panza*, 1 de octubre de 1889 (firmado "S. C.").

"Pereda y la justicia histórica", *El Resumen*, 19 de abril de 1890.

"Las regatas" (P. y sus marinos) *El Resumen*, 3 de diciembre de 1890.

"Las víctimas del Cantábrico" (se reproducen las páginas que describen la tempestad en *Sotileza*, pidiendo socorro para las familias de los pescadores, víctimas de otra tormenta parecida unos días antes) *La Unión Católica*, 8 de mayo de 1890.

"Pereda" (noticia general) *El Nacional*, 21 de agosto de 1894. También en *La Región Cántabra*, 24 de agosto de 1894.

"Novelerías teatrales - Pereda, autor dramático" (sobre la afirmación de Mariano de Cavia que "Pereda, Pardo Bazán y Alas estaban escribiendo sendas obras dramáticas"), *La Voz Montañesa*, 11 de octubre de 1894.

"Pereda en Bilbao", *La Región Cántabra*, 27 de septiembre de 1895.

"Una fiesta en Polanco", *La Región Cántabra*, 26 de enero de 1895, y *El Atlántico*, 26 de enero de 1895.

"Un hecho elocuente del regionalismo", *La España Regional*, 9 de abril de 1886, pp. 203-206.

"Palmerín de Oliva" "Escenas montañesas", *La Publicidad*, 9 y 16 de marzo de 1886.

"García-Ramón" "Literatura y arte - pasatiempo", *Europa y América*, 1 de agosto de 1886. (Interesante por ser la única ocasión en que se ha acusado a Pereda de pervertir a la juventud. Algo de la culpa les toca, según el articulista, a Galdós y la Pardo Bazán).

"Los estilistas - El bachiller Diego de Bringas y D. Joaquín Sánchez Toca" (estilo de P.) *La Fe*, 5 de marzo de 1887.

"Pereda en Inglaterra", *El Correo Español*, 15 de febrero de 1896 (se trata del artículo de

Hannah Lynch publicado en la *Contemporary Review*).

"Viesmo"

"*Tutti contenti*" (sobre la futura residencia de P. en Madrid), *El Adalid*, 26 de febrero de 1896.

"Sobre el proyectado viaje de P. por Andalucía y su deseo de que desista de festejarle al pasar por Madrid", *La Correspondencia de España*, 23 de abril de 1896.

"Requisitos académicos" (caricatura de P. en camino para la R. A. E.), *La Correspondencia de España*, 26 de febrero de 1896.

"Centro montañés" (presidido por P.) *La Correspondencia de España*, 15 de abril de 1896. *El Liberal*, 15 de abril de 1896, y *El Cantábrico*, 15 de abril de 1896.

"Álbum de *El País*" (noticia general sobre P.), *El País*, 16 de diciembre de 1896.

"Pereda en Madrid", *El Cantábrico*, 14 de abril de 1896.

"Al autor de *Sotileza*", *El Cantábrico*, 29 de junio de 1896.

"El viaje de Pereda", *El Correo de Cantabria*, 29 de mayo de 1896.

"La vecindad de Pereda", *El Atlántico*, 21 de febrero de 1896, y *La Vanguardia*, 26 de febrero de 1896.

"Don José María de Pereda", *La Verdad*, 4 de marzo de 1896.

"Pereda en Bilbao", *El Diario de Bilbao*, 16 de marzo de 1896, y *El Nervión*, 15 de marzo de 1896.

"P. en Sevilla", *El Noticiero Sevillano*, 6 de mayo de 1896; *La Región*, 16 de mayo de 1896; *La Unión Mercantil e Industrial*, 6 y 8 de mayo de 1896; *El Programa*, 7 de mayo de 1896.

"Prudencio Sánchez"

"D. José María de Pereda en Carmona", *La Unión Mercantil e Industrial*, 22 de mayo de 1896.

"Un viaje al Cantábrico", *La Unión Mercantil e Industrial*, abril de 1896. V. sobre todo 6, 10, 14, 16 y 18 de abril de 1896.

"Pereda en Eritaña", *La Unión Mercantil e Industrial*, 16 de mayo de 1896.

"P. en Cádiz (almuerzo y fiesta)", *Diario de Cádiz*, 25 y 26 de mayo de 1896.

"P. en Jerez", *Diario de Cádiz*, 18, 19 y 30 de mayo de 1896.

"P. en Granada", *El Popular*, 4 de mayo de 1896.

"Una novela de Pereda, ilustrada" (*Tipos trashumantes*, con dibujos de Mariano Pedrero) *El Liberal Montañés*, 6 de noviembre de 1897, y *Diario de Burgos*, 18 de noviembre de 1897.

"Pereda académico", *El Aviso*, 23 de febrero de 1897.

"Pereda en la Academia", *Páginas Dominicales*, 28 de febrero de 1897.

135

"Rodolfo Gil"

"En honor de Pereda", *El Cantábrico*, 23 y 27 de febrero de 1897.
"Pereda en el Ateneo", *La Atalaya*, 12 de marzo de 1897; *El Día*, 10 de marzo de 1897; *El Tiempo*, 10 de marzo de 1897; *El Globo*, 10 de marzo de 1897; *La Época*, 21 de febrero de 1897.
"Pereda en la Academia", *El Correo*, 22 de febrero de 1897.
"Pereda en Madrid", *La Atalaya*, 5 marzo 1897. Regreso a Santander, *La Atalaya*, 15 marzo 1897, y *El Cantábrico*, 15 marzo de 1897.
"Pereda en la Academia", *La Atalaya*, 21 y 22 de febrero de 1897. *El Cantábrico*, 22 de febrero de 1897. *El Adalid*, 24 de febrero de 1897. *El Mortero*, 18 de abril de 1897.
"P. y Galdós en la Academia", con extractos de sus discursos, *La Vanguardia*, 22 y 23 de febrero de 1897. *El Correo*, 21 de febrero de 1897. *El Tiempo*, 23 de febrero de 1897. *El Liberal*, 22 de febrero de 1897. *Nuevo Mundo*, 4 de marzo de 1897. *El Globo*, 22 de febrero de 1897.
"Pereda regionalista. Pereda en la Academia Española", *Revista Gallega*, 28 de febrero de 1897 (se incluyen extractos de su discurso).
"P. en el R. A. E.", *La Lectura Dominical*, 28 de febrero de 1897 (firmado "N").
"La edad de los Académicos", *El Nacional*, 13 de marzo de 1897 (firmado "N").

Fallecimiento de Pereda
Prensa española

"Fallecimiento de Pereda", *Gaceta del Norte*, 3 y 5 de marzo de 1906. *Correo Cántabro*, 3 de marzo de 1906. *El Ideal* (Lérida), 3 de marzo de 1906. *El Defensor* (Granada), 7 de marzo de 1906. *Diario de la Marina*, 2 de marzo de 1906. *El Cantábrico*, 2, 3, 4 y 5 de marzo de 1906. *La Veu de Catalunya*, 3 de marzo de 1906. *El Globo*, 3 de marzo de 1906. *El País*, 3 y 9 de marzo de 1906. A. B. C., 4 de marzo de 1906. *La Época*, 2 de marzo de 1906. *El Liberal*, 3 de marzo de 1906. *Revista Jurídica*, 3 de marzo de 1906. *La Publicidad*, 3 de marzo de 1906. *El Imparcial*, 2 y 3 de marzo de 1906. *La Correspondencia de España*, 3 de marzo de 1906. *Heraldo de Madrid*, 9 de marzo de 1906.

Prensa extranjera

Le Moniteur Oriental, 8 de marzo de 1906. *A Opiniâo* (Lisboa), 3 de marzo de 1906. *O Dia* (Lisboa), 9 de marzo de 1906. *La Flandre Libérale*, 4 de marzo de 1906. *Giornale di Roma*, 4 de marzo de 1906. *Jornal do Comércio* (Lisboa), 8 de marzo de 1906. *La Croix*, 5 de marzo de 1906. *La Vérité Française*, 10 de marzo de 1906. *Le Figaro*, 4 de marzo de 1906. *La Liberté*, 5 de marzo de 1906. *Gazette de France*, 5 de marzo de 1906. *Le Monde Artiste*, 11 de marzo de 1906. *Journal de Rouen*, 4 de marzo de 1906. *Petite Gironde*, 4 de marzo de

1906. *Rapide* (Toulouse), 4 de marzo de
1906. *Avenir de la Dordogne*, 9 de marzo de
1906.

Entierro de Pereda
El País, 4 de marzo de 1906. *Heraldo de Madrid*,
4 de marzo de 1906. *La Lectura Dominical*, 10
de marzo de 1906. *España y América*, 11 de
marzo de 1906. *ABC*, 5 de marzo de 1906. *El
Cantábrico*, 11 de marzo de 1906. *La Época*,
5 de marzo de 1906.
"El homenaje a Pereda", *El Cántabro*, 4 de junio
de 1904.
"Homenaje a Pereda", núm. extraordinario de
El Tiquis Miquis, 4 de mayo de 1904 (contiene
artículos firmados por E. Rodríguez de Bedia,
Enrique Menéndez, Francisco Carrión, A. del
Campo Echevarría, alguno de ellos publicado
antes).
"Homenaje a Pereda", núm. extraordinario de
El Centro Montañés, 1 de junio de 1904 (con-
tiene contribuciones de E. Diego Madrazo, José
Estrañi, Eusebio Sierra, Alejandro Nieto, F.
Bolado Zubeldía, entre otros).

"Don Gil de las Calzas
Verdes"
"Celebridades", *Miscelánea*, 15 de abril de 1900.
"Un rato de palique con el maestro Pereda", *El
Eco Montañés* (Habana) 8 de febrero de 1900.
"Lo de *El Español*" (P. ofrece escribir "unos diá-
logos que den muestra de lo mucho bueno que
encierra la Montaña" para el Teatro Español)
Boletín de Comercio, 6 de julio de 1900.

"Fidel Pérez Minguez"
"Desde el Sardinero - Don José Pereda", *Heral-
do de Madrid*, 24 de agosto de 1899.
"Pereda", *El Correo de Cantabria*, 16 de enero
de 1899.
"Galería Montañesa - D. José María de Pereda",
El Cantábrico, 27 de febrero de 1898.
"Nuestros novelistas - D. José María de Pereda",
La Libertad, 8 de diciembre de 1898.
"Álbum de la Srta. de Pereda" (se trata de un
álbum que los artistas y escritores sevillanos
iban a ofrecer a la hija de P., visto que éste
rehusó todo homenaje a su propia persona)
Diario de Cádiz, 10 de agosto de 1898. Se publicó antes en *La Andalucía Moderna*, 9 de
agosto de 1898.
El Deva, núm. extraordinario (dedicado por com-
pleto a P.) 19 de marzo de 1906 (artículos
breves de F. de la Roda y José Ramírez, entre
otros).
"Literatura - J. M. de Pereda juzgado por Boris
de Tannenberg", *Las Provincias*, 10 de agosto
de 1905.
"Pereda" (su respuesta de una enfermedad) *Boletín de Comercio*, 2 de junio de 1904.
"Pereda y Menéndez Pelayo", *Revista Comercial
Americana*, 1 de junio de 1906.

137

ÍNDICE DE TÍTULOS Y DE CONCEPTOS

141

ÍNDICE ONOMÁSTICO

INSTITUCIÓN CULTURAL DE CANTABRIA

La Institución Cultural de Cantabria se fundó en 1967 por iniciativa de la Excelentísima Diputación de Santander.

Esta Institución venía a recoger la vieja aspiración de fundar un organismo dedicado al estudio y tutela de los problemas culturales de la Montaña, idea que tuvo su mayor mantenedor en la figura de don Marcelino Menéndez Pelayo.

Desde el mandato de su fundador, don Pedro de Escalante, esta Institución se ha venido dedicando, a través de los diversos Institutos, al estudio, desarrollo y difusión de todas aquellas especialidades que pueden interesar a la provincia de Santander.

COMPONENTES DE LA INSTITUCIÓN

Instituto de Estudios Marítimos y Pesqueros Juan de la Cosa.
DIRECTOR: *D. Rafael González Echegaray*; CONSEJERO REPRESENTANTE: *sin designar.*

Centro de Estudios Montañeses: DIRECTOR: *D. Fernando Barreda y Ferrer de la Vega*; CONSEJERO REPRESENTANTE: *D. Fernando Calderón y G. de Rueda.*

Instituto de Estudios Industriales, Económicos y de Ciencias Torres Quevedo. DIRECTOR: *D. Manuel Noguerol Pérez*; CONSEJERO REPRESENTANTE: *sin designar.*

Instituto de Estudios Sociológicos, Jurídicos y Docentes. DIRECTOR: *D. Jesús M.ª Lobato de Blas*; CONSEJERO REPRESENTANTE: *sin designar.*

Instituto no constituído:

Instituto de Estudios agropecuarios.

INSTITUTO DE LITERATURA JOSÉ M.ª DE PEREDA

LLANO, Manuel: *Obras completas.* Santander. Imp. Aldus Velarde. 1968. 2 vols. 19 cms.

CLARKE, Anthony H.: *Pereda, paisajista.* Santander. Imp. Resma. 1969. 249 págs. 24 cms.

ESPINA, Concha: *Edición antológica.* Selección y estudio de Gerardo Diego. Santander. Imp. Aldus Velarde. 1970. 190 págs.+6 láms. 24 cms.

AGUILERA, Ignacio, BUENO ARÚS, Francisco y DIEGO, Gerardo: *Ramón Sánchez Díaz.* Santander. Imp. Resma. 1970. 159 págs. + 17 láms. 24 cms.

FERNÁNDEZ-CORDERO Y AZORÍN, Concepción: *La sociedad española en la obra literaria de don José M.ª de Pereda.* Santander. Imp. Resma. 1970. 364 págs. 24 cms.

VERSO *y prosa en torno a José Luis Hidalgo.* Recopilación, introducción, notas y bibliografía de Aurelio García Cantalapiedra. Santander. Imp. Resma. 1971. 411 págs. + 1 lám. 24 cms.

LLANO, Manuel: *Artículos en la prensa montañesa.* Santander. Imp. Resma. 1972. 3 vols. 24 cms.

COSSÍO, José María de: *Estudios sobre escritores montañeses.* Santander. Imp. J. Martínez. 1973. 3 vols. 24,5 cms.

HOMENAJE *a José del Río Sáinz, "Pick".* Santander. Imp. J. Martínez. 1974. 100 págs. + 10 láms. + 1 hoj. 25 cms.

CLARKE, Anthony H.: *Manual de bibliografía perediana.* Santander. Imp. J. Martínez. 1974. 136 págs. con grabs. 24,5 cms.

INSTITUTOS DE LITERATURA JOSÉ M.ª DE PEREDA
Y DE ARTE JUAN DE HERRERA

SANZ SÁIZ, Julio: *Los árboles en la Montaña*. Santander. Imp. Bedia. 1970. 100 págs. con grabs. intercals. 35,5 cms.

INSTITUTO DE PREHISTORIA Y ARQUEOLOGÍA
MARCELINO S. DE SAUTUOLA

GONZÁLEZ ECHEGARAY, Joaquín: *Orígenes del cristianismo en Cantabria*. Santander. Imp. Resma. 1969. 36 págs. con 8 grábs. + 3 láms. 24 cms.

MADARIAGA DE LA CAMPA, Benito: *Las pinturas rupestres de animales en la región franco-cantábrica. Notas para su estudio e identificación*. Santander. Imp. Resma. 1969. 87 págs. con 56 grabs. 24 cms.

GARCÍA GUINEA, M. A. Y RINCÓN, Regino: *El asentamiento cántabro de Celada Marlantes*. Santander. Imp. Resma. 1970. 44 págs. + 30 planos de figuras + 24 láms. 24 cms.

LION VALDERRÁBANO, Raúl: *El caballo y su origen. Introducción a la historia de la caballería*. Santander. Imp. Aldus Velarde. 1970. 281 págs. + 56 láms. 25 cms.

CORCHÓN, María Soledad: *El Solutrense en Santander*. Santander. Imp. Bedia. 1971. 183 págs. + 1 hoj. con grabs. intercals. + I-XXI láms. 25 cms.

INSTITUTO DE ARTE JUAN DE HERRERA

GONZÁLEZ ECHEGARAY, M.ª del Carmen: *Documentos para la Historia del Arte en Cantabria*. Santander. Imp. Aldus Velarde. 1971-1973. 2 vols. 24 cms.

Catálogo de exposiciones 1971.

Catálogo de exposiciones 1972.

INSTITUTO DE ETNOGRAFÍA Y FOLKLORE
LUIS DE HOYOS SÁINZ

Publicaciones. Vol. I. Santander. Imp. Resma. 1969. 482 págs. con grabs. intercals. 24 cms.

Publicaciones: Vol. II. Santander. Imp. Resma. 1970. 300 págs. con grabs. intercals. + 1 hoj. pleg. + 34 láms. 24 cms.

Publicaciones. Vol. III. Santander. Tip. J. Martínez. 1971. 305 págs. con grabs. intercals + 1 hoj. 24 cms.

Publicaciones. Vol. IV. Santander. Tip. J. Martínez. 1972. 463 páginas con grabs. intercals. 24 cms.

Publicaciones. Vol. V. Santander. Imp. Resma. 1973. 421 págs. con grabs. intercals. 24 cms.

GARCÍA LOMAS, Adriano: *Mitología y supersticiones de Cantabria.* Santander. Imp. Provincial. 1964. 375 págs. con grabs. intercals. + 3 hojs. + 9 láms. 30,5 cms.

CALDERÓN ESCALADA, José: *Campoo. Panorama histórico y etnográfico de un valle.* Santander. Gráfs. Campher. 1971. 235 págs. + 1 hoj. + 8 láms. 24 cms.

GONZÁLEZ RIANCHO, Javier: *La vivienda en el campo de la provincia de Santander.* Santander. Imp. Resma. 1971. 27 págs. 24,5 cms.

LION VALDERRÁBANO, Raúl: *La cría caballar en Santander.* Santander. Imp. Bedia. 1972. 152 págs. con grabs. intercals. + 4 láms. + 1 lám. pleg. + 2 hojs. plegs. 24 cms.

PEREDA DE LA REGUERA, Manuel: *Liébana y los Picos de Europa.* Santander. Imp. Aldus Velarde. 1972. 232 págs. con grabs. intercals. 25 cms.

INSTITUTO DE ESTUDIOS MARÍTIMO-PESQUEROS JUAN DE LA COSA

GONZÁLEZ ECHEGARAY, Rafael: *Capitanes de Cantabria (siglo XIX),* Santander. Imp. Aldus-Velarde. 1970. 296 págs. + 40 láms. 25 cms.

GONZÁLEZ ECHEGARAY, Rafael: *La armada francesa en Santander.* Santander. Gráf. Bedia. 1972. 43 págs.+9 láms.+1 hoj. 23 cms.

BUSTAMANTE BRINGAS, Juan M.: *La Marina de Castilla y el centenario de la victoria de La Rochela.* Santander. Gráf. Resma. 1972. 23 págs. 24 cms.

MADARIAGA DE LA CAMPA, Benito: *Augusto González de Linares y el estudio del mar. Ensayo crítico-biográfico de un naturalista.* Santander. Tip. J. Martínez. 1972. 214 págs. + 9 láms. 21 cms.

INSTITUTO DE CIENCIAS TORRES QUEVEDO

GUTIÉRREZ CORTINES, Manuel: *Divagaciones nucleares.* Santander. Gráfs. Resma. 1970. 19 págs. 24 cms.

PICATOSTE PATIÑO, Julio: *Consideraciones ante la crisis de la medicina actual.* Santander. Gráfs. Resma. 1971. 32 págs. 24,5 cms.

VÁZQUEZ GONZÁLEZ-QUEVEDO, Francisco: *La medicina en Cantabria. Apuntes históricos y biográficos hasta 1930.* Santander. Imp. Aldus-Velarde. 1972. 301 págs. con grabs. intercals. 34 cms.

SÁIZ-GONZÁLEZ DE OMEÑACA, José Antonio: *La meiosis del centeno triploide como prueba de la diploidización del tetraploide.* Santander. 1972.

CASADO CIMIANO, Pedro: *Estudio, modificación y normalización de los métodos Gerber y Milko-Tester.* Santander. Gráf. Resma. 1972. 177 págs. con láms. intercals. 24 cms.

CENTRO DE ESTUDIOS MONTAÑESES

ORTIZ DE LA TORRE, Elías; marqués del SALTILLO y Francisco y Fernando GONZÁLEZ CAMINO: *La escultura funeraria de la Montaña.* Santander. Imp. Libr. Moderna. 1934. 220 págs. + 41 láms. 13 cms. (agotado).

SOJO Y LOMBA, Fermín de: *Los maestros canteros de Trasmiera.* Madrid. Tip. Huelves y Cía. 1935. 236 págs. + 1 hoj. 21,5 cms. (agotado).

SOJO Y LOMBA, Fermín de: *Los de Alvarado.* Madrid. Tip. Huelves y Cía. 1935. 135 págs. + 5 láms. + 1 hoj. 21,5 cms. (agotado).

ARNÁIZ DE PAZ, Eloy: *El hogar solariego montañés.* Madrid. Nuevas Gráficas. 1935. 160 págs. 25 cms. (agotado).

MAZA SOLANO, Tomás: *Catálogo del Archivo del antiguo Monasterio de Jerónimos de Santa Catalina de Monte Corbán.* Santander. Imp. Libr. Moderna. 1940. LX + 444 págs. 24,5 cms. (agotado).

MARTÍNEZ GUITIÁN, Luis: *Naves y flotas de las Cuatro Villas de la Costa.* Santander. Imp. Provincial. 1946. 172 págs.+15 láms. +I-VII págs.+2 hojs. 21,5 cms. (agotado).

SOJO Y LOMBA, Fermín de: *Cudeyo, Valdecilla, Solares, Sobremazas y Ceceñas.* Santander. Imp. Provincial. 1946. 172 págs. + 15 láms. + I-VII págs. + 2 hojs. 21,5 cms.

HERNÁNDEZ MORALES, Angel: *Juliobriga, ciudad romana en Cantabria.* Santander. Imp. Vda. de F. Fons. 1947, 130 págs,+15 láminas con grabs. intercals. + 3 hojs. 21,5 cms. (agotado).

LAMA Y RUIZ-ESCAJADILLO, Arturo de la: *Animales silvestres útiles de la fauna montañesa.* Santander. Edit. Cantabria. 1949. 326 págs. con 50 grabs.+4 láms. 15 cms. (agotado).

BARREDA, Fernando: *Comercio marítimo entre los Estados Unidos y Santander. 1778-1829.* Santander. Edit. Cantabria. 1950. 99 págs. con grabs. intercals. 21 cms. (agotado).

MUÑOZ, Honorio: *Un héroe dominico montañés en Filipinas. Documentos inéditos del siglo XVII, preparados con introducción y notas.* Santander. Edit. Cantabria, 1951. XVIII + 138 págs. + 4 láms. 21 cms.

SOLANA Y GONZÁLEZ CAMINO, Marcial: *La heráldica en el Real Valle de Villaescusa.* Santander. Edit. Cantabria. 1952. XVIII+ 112 págs.+28 láms.+4 hojs. 21 cms. (agotado).

DÍAZ DE VILLEGAS Y BUSTAMANTE, José: *Una embajada española a Siam a principios del siglo XVIII.* Madrid. Edit. Ares. 1952. 224 págs.+5 láms.+2 hojs. 24,5 cms.

BUSTAMANTE, Pedro de: *Un apóstol dominico montañés en Tunkin. Fray Pedro de Bustamante: su apostolado y escritos. Documentos inéditos del siglo XVIII, preparados con introducción y notas por el R. P. Fr. Honorio Muñoz, O. P.* Santander. Edit. Cantabria. 1954. XXI+258 págs.+4 láms. 21 cms.

Lama y Ruiz-Escajadillo, Arturo de la: *Estudio ornitológico de la bahía de Santander*. Santander. Edit. Cantabria. 1955. 63 págs. con grabs. intercals. 21 cms. (agotado).

Maza Solano, Tomás: *Nobleza, hidalguía, profesiones y oficios en la Montaña, según los Padrones de catastro del marqués de la Ensenada*. Santander. Edit. Cantabria. 1953-1957. 4 vols. 23 cms.
Vol. I: Alfoz de Lloredo-Iguña
Vol. II: Lamasón-Ríonansa
Vol. III: Santander-Trasmiera
Vol. IV: Tresviso-Valle de Villaverde

Díaz, Juan Ventura: *El P. Juan Ventura Díaz, O. P., misionero dominico montañés en el Reino de Tunkin (1715-1724). Su apostolado misional según documentos inéditos de sus contemporáneos. Introducción y notas por el R. P. Honorio Muñoz, O. P.* Santander. Edit. Cantabria. 1958. XI + 140 págs. + 3 hojs. 22 cms.

Riaño, Manuel: *Apóstol entre mártires. El Ilmo. Sr. D. Fr. Manuel Riaño, O. P. Vicario Apostólico del Tunkin Central, misionero dominico montañés, 1829-1884... Introducción y notas por el R. P. Honorio Muñoz*. Santander. Edit. Cantabria. 1961. XIV + 500 págs. + 3 láms. + 1 hoj. 22 cms.

García Lomas, Adriano: *El lenguaje popular de la Cantabria montañesa*. 2.ª edición. Santander. Imp. Aldus Velarde. 1966. 358 págs. con grabs. intercals. + 1 map. pleg. 28 cms.

González Echegaray, María del Carmen: *Escudos de Cantabria*. Vitoria. Imp. H. Fournier. 1969-1972. 2 vols. 22 cms.

Maza Solano, Tomás: *Relaciones histórico-geográficas y económicas del partido de Laredo en el siglo XVIII*. Santander. Imp. Bedia. 1965-1972. 3 vols. 25 cms.

Pereda de la Reguera, Manuel: *Indianos de Cantabria*. Santander. Imp. Provincial. 1968. 144 págs. con grabs. intercs. + 2 hojs. 24 cms.

González Echegaray, María del Carmen: *Los antecesores de don Pedro de Velarde*. Santander. Imp. Aldus Velarde. 1970. 72 págs. con grabs. intercals. + 15 láms. 24,5 cms.

Cáceres Blanco, Francisco Ignacio: *Dos crisis nacionales en el Santander decimonónico*. Santander. Imp. La Mercantil. 1970. 30 págs. + 1 hoj. 24,5 cms.

Madariaga de la Campa, Benito y Valbuena, Celia: *El Instituto de Santander*. Santander. Gráfs. Resma. 1971. 334 págs. + 11 láms. 27 cms.

González Echegaray, Rafael: *El puerto de Santander y la guerra de África. (1859-1860)*. Santander. Imp. Provincial. 1971. 34 págs. 24,5 cms.

Simón Cabarga, José: *La revolución francesa y Santander*. Santander. Imp. Provincial. 1971. 55 págs. 24,5 cms.

Díez Llama, Santiago: *La situación socio-religiosa de Santander y el obispo Sánchez de Castro (1884-1920)*. Santander. Gráfs. Campher. 1971. 343 págs. con grabs. intercals. + 1 hoj. 24 cms.

Maza Solano, Tomás: *Disquisiciones y comentarios en torno al folklore español*. Santander. Tip. J. Martínez. 1972. 31 págs. 24,5 cms.

Pérez Bustamante, Ciríaco: *Los montañeses en el Nuevo Mundo. D. José de Escandón, fundador del Nuevo Santander*. Santander. Gráfs. Resma. 1972. 22 págs. + 1 hoj. 24 cms.

González Echegaray, M.ª del Carmen: *D. Andrés Díaz de Venero y Leyva*. Santander. Gráfs. Bedia. 1972. 41 págs. + 4 láms. grabs. intercals + 1 hoj. pleg. 24 cms.

Simón Cabarga, José: *Santander en el siglo de los pronunciamientos y las guerras civiles*. Santander. Gráfs. Resma. 1972. 440 págs. 27 cms.

González Camino y Aguirre, Fernando: *Las reales fábricas de artillería de Liérganes y La Cavada*. Santander. Tip. J. Martínez. 1972. 35 págs. 24,5 cms.

Sojo y Lomba, Fermín de: *El mariscal Mazarrasa*. Santander. Gráfs. Resma. 1973. 578 págs. + 10 láms. 24 cms.

Sainz Díaz, Valentín: *Notas históricas sobre la villa de San Vicente de la Barquera*. Santander. Gráfs. Bedia. 1973. XIV págs. + 1 hoj. + 693 págs. + 11 láms. 24,5 cms.

Sáez Picazo, Francisco: *Índices de las revistas "Altamira" y "Revista de Santander"*. Santander. Imp. Resma. 1973. 2 vols. 25 cms.

Barreda y Ferrer de la Vega, Fernando: *Los hospitales de Puente San Miguel y Cóbreces*. Santander. Gráfs. Resma. 1973. 47 págs. con grabs. intercals. 24,5 cms.

Gutiérrez Colomer, Rafael: *Santander 1875-1899*. Santander. Tip. J. Martínez. 1973. XI + 512 págs. con grabs. intercals. + 1 hoj. 34,5 cms.

Alcalá-Zamora y Queipo de Llano, José: *Historia de una empresa siderúrgica española: los altos hornos de Liérganes y La Cavada, 1622-1834*. Santander. Gráfs. Campher. 1974. 260 págs. + 1 hoj. 22 cms.

Altamira. Revista del Centro de Estudios Montañeses. Publicación cuatrimestral. 1934-1972.

INSTITUCION CULTURAL DE CANTABRIA

Revista de poesía Peña Labra. Publicación trimestral. Han aparecido diez volúmenes.